啄木鸟
生活与法律指引

医疗纠纷 101 问

张文波 主编
毛嵩　宋胜云 副主编

安徽文艺出版社
华中科技大学出版社 联合出版

图书在版编目（CIP）数据

医疗纠纷101问 / 张文波主编. -- 武汉：华中科技大学出版社，2021.6 (2023.9重印)

（啄木鸟生活与法律指引书系）

ISBN 978-7-5680-7271-7

Ⅰ. ①医…　Ⅱ. ①张…　Ⅲ. ①医疗纠纷–中国–问题解答　Ⅳ. ①D922.165

中国版本图书馆CIP数据核字（2021）第116437号

医疗纠纷101问

Yiliao Jiufen 101 Wen

张文波　主　编

毛　嵩　宋胜云　副主编

策划编辑：郭善珊

责任编辑：张　从

封面设计：张　靖

责任监印：朱　玢

出版发行：安徽文艺出版社、华中科技大学出版社　联合出版

电话：（027）81321913

邮编：430223

录　　排：北京欣怡文化有限公司

印　　刷：北京一鑫印务有限责任公司

开　　本：880mm × 1230mm　1/32

印　　张：7

字　　数：168千字

版　　次：2023年9月第1版第2次印刷

定　　价：39.80元

前　言

在远古时代，生病的人要寻求治愈，只能依靠“巫”来沟通天地，寄希望于神来解救，故仓颉造字为“毉”。而后，人类逐渐摆脱了“神赐疾病”的观念，医学走下了神坛，“毉”不再靠“巫”，而靠“酒”，于是“毉”变成了“醫”。病人与医生之间的关系也就从人与神的关系走向了人与人的关系，于是就出现了医疗纠纷。

我国有记载的最早的医疗纠纷应属扁鹊与齐桓公之间的纠纷。《史记·扁鹊仓公列传》记载了扁鹊见齐桓侯为其诊病，齐桓侯却讳疾忌医，最终齐桓侯病死，而扁鹊千里逃亡的故事。此后扁鹊总结出了“六不治”：“人之所病，病疾多；而医之所病，病道少。故病有六不治：骄恣不论于理，一不治也；轻身重财，二不治也；衣食不能适，三不治也；阴阳并，脏气不定，四不治也；形羸不能服药，五不治也；信巫不信医，六不治也。有此一者，则重难治也。”

名医华佗遭遇的医疗纠纷比扁鹊更为严重。华佗由于拒绝了曹操“专视”的要求，被曹操下狱处死，连一本医书都无法留下。

从君王生活的侧面记录来看，各封建王朝皇亲国戚与太医的“医患关系”总体而言难称和谐，毕竟“伴君如伴虎”，稍有不慎即会招来杀身之祸，与其说是“医患关系”，倒不如说是“君臣关系”。那么对于平民百姓而言，“医患关系”又是怎样的呢？由于中国的历史“以君王社稷为中心”，普通百姓的生活在历史上记载不多，我们只能借助清时期的舆论（主要是《申报》）管中窥豹。

在中国封建社会特定的法律制度背景下，民事诉讼与刑事诉讼并无区分，医患纠纷的处置与普通民间纠纷的处置大体相似，大量医事纠纷因“息讼”的文化传统而以民间调解的方式被处理。所谓的“调解”，其处理方式无外乎医患直接协商或者由第三方居间调停。第三方调停人通常是保正、里甲，或者有德望的士绅乡官，也可能由街坊、友人等充任。当然，送官成讼往往是病家胁迫医家的一种方式，医家往往于理有亏而不愿见官，出一笔银子了事。但中医的“医疗事故”往往难以辨识，普遍表现为病者不治身亡，而医家明显处理失当，其调解过程亦充满了火药味，病家的协商更似“胁”商。

1875年，上海一位朱姓患者经某医包治后不幸身亡，家属用铁链将医生锁在死者足上以作胁迫[①]。此事经当地地保谢某与王某“挽友劝其了结”，病家收取医生洋钱二十元买棺成殓收场[②]。

医家若因药不对症致人身死，常会被病家拳打脚踢，有时甚至要赔儿赔女才能息讼。1879年，苏州关外幼科某医诊疗不慎致某翁独子死亡，为免病家上告于官，医生自愿将其次子过继至病家[③]。《医界镜》中更记载某位医生一年之内遭遇两起医患纠纷，赔掉了自己的两位女儿[④]。

在调解的过程中，若医家自认医疗过程并无过失，不仅不愿满足病家漫天要价的勒索，更难以忍受病家的苛责与侮辱，就会引发医患双方新的冲突，导致纠纷的升级和转化。1878年，上海租界妓馆常熟

---

① 《庸医误人》,《申报》，光绪乙亥七月初十日，第1008号，第2页。

② 《医误劝息》,《申报》，光绪乙亥七月十二日，第1010号，第2-3页。

③ 《庸医杀人》,《申报》，光绪己卯十月十二日，第2361号，第2页。

④ [清]儒林医隐:《医境界》，内蒙古人民出版社，1998年版，第84-85页。

朱氏妇人，其子全观娶某氏为妻，某氏因患疯癫，朱氏与儒医卢秋云商议以洋八十元包医，结果医治无效致死。全观岳母以女被卢秋云医死投上海县署控请究办，在投案候质期间，卢云秋遭遇妓馆龟鸨妇人诸多羞辱。最后官方断定卢秋云应还包医费洋三十五元，但卢秋云世代书香，此番遭龟公羞辱，心实不甘，遂上控于松江府反诉病家侮辱。

清末西医与近代医学观念的传入，推动了中国近代医学事业的发展，但西医的基础原理和治疗方式迥异于中医，初传入华的西医与传统社会旧有的医疗观念发生强烈冲突。此外，由于现代医学的传入还伴随着基督教的传播，除对西医缺乏了解而造成的民教冲突以外，民族主义也给近代西式医院的发展带来重挫。在民族主义的激荡之下，基督教被视为帝国主义侵略的工具，以致教会医院也同样受到攻击。陶炽孙以国民革命为界线将中国新医受难史分为两个阶段，在国民革命之前大多为外籍医师、医院受到民众的排斥和冲击；国民革命之后则是民众的捣乱减少而诉讼增多。①

1933年，为保障医权，中华医学会成立了医业保障委员会，专门帮助会员处理医事纠纷，此应为我国历史上第一个专业的医事纠纷处理机构，故20世纪30年代的医事纠开始有据可考，其中尤以民国二十三年（1934年）可考的医患纠纷诉讼案件为最多。江晦鸣评论说："民国二十三年，可谓医事纠纷年。在此一年中，医事纠纷之多，实出吾人意料。"② 究其缘由，他以为与20世纪30年代政治环境相对稳定、民国政府"黄金十年"有密切的关系。根据现有的资料，民国医疗诉讼无理控告情况严重，大大加重了医师的职业忧虑，医师团体也开始

① 陶炽孙：《中国新医受难史序论》，《中华医学杂志》第22卷第11期，第1135页。
② 江晦鸣：《一年来之中国医药卫生》，《医药评论》第7卷第2期，第41页。

通过多种渠道维护医师权益，修复和改善医患关系。此外，医学鉴定机构和医事团体广泛参与到医疗诉讼审理过程中，不但践行和完善了近代医学鉴定制度，而且造就了新的医疗诉讼审理模式。

新中国成立以后，医患之间的关系发生了根本性的变化，从政治上被定性为“人民内部矛盾”，病人的权利不仅仅与本人、家属相关，还与组织密切联系。简单地说，20世纪50年代，医疗纠纷主要由法院处理，很多案件不经过鉴定即被认定为医疗事故；20世纪50年代末期至70年代末期，医疗纠纷由卫生行政部门处理，法院几乎不介入；1978年之后，随着全国法制建设的加强，对医疗纠纷的处理逐步走向理性、有序，医疗卫生系统开始与法院系统相衔接，“医法结合”的医疗纠纷处理模式呈现雏形。1987年国务院发布的《医疗事故处理办法》，作为一个里程碑，标志着我国的医疗纠纷争议处置步入法治化阶段。

1987年《医疗事故处理办法》将医疗事故区分为责任事故和技术事故，其中“责任事故是指医务人员因违反规章制度、诊疗护理常规等失职行为所致的事故；技术事故是指医务人员因技术过失所致的事故”。并将医疗事故划分为三级：造成病员死亡的为一级医疗事故，严重残废或严重功能障碍的为二级医疗事故，造成病员残废或功能障碍的为三级医疗事故。该办法还制定了封存病史及现场实物、尸检、鉴定等程序，在特定历史时期内为医疗纠纷的处理指明了法治化的方向。

2001年发布的《最高人民法院关于民事诉讼证据的若干规定》对医疗纠纷处理的举证责任进行了规定，“因医疗行为引起的侵权诉讼，由医疗机构就医疗行为与损害结果之间不存在因果关系及不存在医疗过错承担举证责任”。将医疗行为侵权的举证责任加诸医方，虽然从医院的角度来看难言公平，但也为规范医疗行为、提高医务人员证据意识起到了实质的促进作用。

2002 年，国务院在《医疗事故处理办法》的基础上出台了《医疗事故处理条例》，将部门规章上升为国家行政条例，将依法处理医疗纠纷体现为国家意志。结合十几年的实施经验，《医疗事做处理条例》将责任事故与技术事故进行了合并，统一将医疗事故定义为“医疗机构及其医务人员在医疗活动中，违反医疗卫生管理法律、行政法规、部门规章和诊疗护理规范、常规，过失造成患者人身损害的事故”。并将医疗事故分为四级，其中“一级医疗事故：造成患者死亡、重度残疾的；二级医疗事故：造成患者中度残疾、器官组织损伤导致严重功能障碍的；三级医疗事故：造成患者轻度残疾、器官组织损伤导致一般功能障碍的；四级医疗事故：造成患者明显人身损害的其他后果的”。卫生部随之在国务院《医疗事做处理条例》的基础上将医疗事故等级进一步划分为十一个等次，形成了一直沿用到现在的一级甲／乙等、二级甲／乙／丙／丁等、三级甲／乙／丙／丁／戊等、四级（医疗事故）的划分方法，并对赔偿标准、鉴定程序等进行了进一步的规定和细化。

在当时的法律环境下出现了两个“二元化”的情形，即鉴定的二元化和赔偿标准的二元化。2003 年 1 月 6 日发布的《最高人民法院关于参照〈医疗事故处理条例〉审理医疗纠纷民事案件的通知》把医疗赔偿纠纷划为两类，一是医疗事故引起的医疗赔偿纠纷，二是医疗事故以外的原因引起的其他医疗赔偿纠纷。于是出现了由医学会鉴定的属于医疗事故的适用《医疗事故处理条例》规定的赔偿标准，而由社会司法鉴定机构鉴定的人身损害伤残适用《最高人民法院关于审理人身损害赔偿案件适用法律若干问题的解释》规定的赔偿标准的现象。

2009 年《中华人民共和国侵权责任法》出台，在法律层面基本上宣告废除了“医疗事故”的定义，医疗事故仅在行政处罚时适用，解决了举证责任倒置和赔偿标准二元化的问题，但鉴定的二元化仍然存在。随着临床医学不断进步，专业学科分类日益精细，鉴定中涉及的专业性问题常常超出具有普通医学知识的鉴定人的认知范围，司法鉴定中鉴定人常常需要咨询临床专家的意见。但部分鉴定人在鉴定时简单地通过查阅学术专著、期刊文献便作出相关鉴定意见，甚至部分鉴定机构只要有利可图便来者不拒，常使鉴定质量难以保障。

2018年《医疗纠纷预防与处理条例》规定，“医疗损害鉴定专家库由设区的市级以上人民政府卫生、司法行政部门共同设立。专家库应当包含医学、法学、法医学等领域的专家。聘请专家进入专家库，不受行政区域的限制。”但具体如何实施，尚未可知。

除了通过法院诉讼处理医疗纠纷，更多的医疗纠纷通过调解的方式进行。2002年《医疗事故处理条例》即已明确了医疗纠纷通过行政部门调解的方式进行，并可以将医疗事故鉴定作为调解的依据。2008年到2009年，各地陆续开始探索医疗纠纷的人民调解路径，2011年上海市政府以市长令的形式明确要求，积极引导各医院产生医疗纠纷时运用人民调解的方式解读。此后更开展了一系列的“诉调对接”尝试，包括调解协议的司法确认、医疗损害案件的调解前置等。2018年《医疗纠纷预防与处理条例》进一步将行政调解与人民调解列为医疗纠纷处理的两条重要解决途径，给予了法规上的肯定。

以上系笔者对医疗纠纷处置历史浮光掠影般的回顾。如何有效处理医患矛盾、化解医疗纠纷是一项系统工程，本书作为历史长河中的一粟，希望能够起到帮助读者客观公正评价医疗行为、合理合法解决医疗纠纷的作用。

张文波医疗律师团队

二〇二〇年三月

目　录

第一章　医疗纠纷基本概念

1 什么是医疗纠纷？什么是医疗事故？什么是医疗损害侵权？

医疗纠纷，广义上是指患者或患者家属与医疗机构发生的一切纠纷，但在《医疗纠纷预防和处理条例》中，医疗纠纷被定义为“医患双方因诊疗活动引发的争议。”根据此定义，医疗纠纷存在两个要素：1. 发生于医生与患者之间；2. 纠纷双方的争议是由于诊疗活动所引发的。

医疗事故在《医疗事故处理条例》中的定义是“医疗机构及其医务人员在医疗活动中，违反医疗卫生管理法律、行政法规、部门规章和诊疗护理规范、常规，过失造成患者人身损害的事故”。与“交通事故”不同的是，并非只要发生了人身损害就是“医疗事故”，而一定需要存在违反规范性文件或诊疗常规等情形，也就是存在过错。实践中一般需要经过鉴定确认后才能称之为“医疗事故”。很多患者在发生医疗意外以后，第一时间就找到医院宣称出了医疗事故，并将之与“交通事故”的定义相对比，这种说法是不正确的。

医疗损害侵权是《中华人民共和国侵权责任法》(以下简称《侵权责任法》)提出的法律概念，根据《侵权责任法》第五十四条，“患者在诊疗活动中受到损害，医疗机构及其医务人员有过错的，由医疗机构承担赔偿责任。”

对比以上三个概念，我们可以看出，医疗纠纷的范围要大于医疗事故或医疗损害侵权的范围：医疗纠纷只需要双方存在争议即可，而无需对医方是否存在过错进行任何的论证或鉴定；医疗事故和医疗损害侵权比较接近，都需要通过论证或鉴定，以明确医疗机构或医务人员是否存在过错。有人亦认为医疗事故概念的范围要小于医疗损害侵权的范围，这种观点主要是从我国司法实践的历史的角度进行论述的。目前的实践中，司法领域常使用“医疗损害侵权”的说法，而在行政管理领域“医疗事故”一词使用得更多，其分别主要在于法院判决一般援引侵权相关法律条文(《民法典》实施前为《侵权责任法》,《民法典》实施后为其第七编侵权责任之第六章医疗损害责任)，而卫生行政部门对医疗机构及其医务人员的处罚一般援引《医疗事故处理条例》。

2 医疗事故和医疗损害赔偿是什么关系?

医疗事故是行政责任、刑事责任概念，医疗损害赔偿是民事责任概念。患者就诊发生损害后果，可能是因为严重的医疗事故，也可能是因为医务人员诊疗活动中的过失，还有可能是因为患者自身疾病的自然发展。患者所受的损害不构成医疗事故，但如果医务人员在诊疗行为中有过错且过错与患者人身损害后果有因果关系的，患者仍然可以要求医疗机构进行赔偿。

3 常见的医疗纠纷有哪些类型?

常见的医疗纠纷类型如下:

(一)医疗损害责任纠纷。患者在医疗机构就医时，由于医疗机构及其医务人员的过错，在诊疗护理活动中受到损害的，医疗机构应当承担侵权损害赔偿责任。其中，医疗机构的医务人员在诊疗活动中，应当向患者说明病情和医疗措施等情况而未予说明，或者在实施手术、特殊检查和特殊治疗时，应当向患者或其近亲属说明医疗风险、替代医疗方案等情况并取得其书面同意而未尽到义务的，由此引起的纠纷为侵害患者知情同意权责任纠纷；医疗机构在诊疗过程中使用有缺陷的药品、消毒药剂、医疗器械等医疗产品，或者输入不合格的血液，因此造成患者人身损害的，医疗机构或者医疗产品的生产者、血液提供机构所应当承担的侵权损害赔偿责任为医疗产品责任纠纷。处理医疗损害责任纠纷的法律依据主要是《民法典》第七编侵权责任第六章医疗损害责任规定。

(二)医疗服务合同纠纷。医疗服务合同是指医疗机构与患者之间就明确相互权利义务关系的合同，处理医疗服务合同纠纷的法律依据主要是《中华人民共和国合同法》(以下简称《合同法》)的相关规定。医疗服务合同关系不同于消费关系，消费关系是纯粹的经济关系，一方花钱，一方提供产品或服务，消费中追求结果的确定性。而医疗虽然也是服务，但医疗行为面对的却是极其复杂的个体生命和健康，有太多的未知领域，这就决定了医疗中只能强调方法、手段的正确，而不能强调确定的结果。另外，医疗关系不同于经营者与消费者一对一的关系，其中还包括社会整体的医疗利益，因此，医疗服务合同纠纷不能适用《中华人民共和国消费者权益保护法》(以下简称《消费者权益保护法》)。另外，根据《最高人民法院关于确定民事侵权精神损害赔偿责任若干问题的解释》第一条、第八条的规定，因侵权致人精神损害造成严重后果可以请求赔偿相应的精神损害抚慰金。在医疗服务合同纠纷中若主张赔偿精神损失费一般不会得到支持。

（三）患者隐私权纠纷。所谓患者的隐私权，是指在医疗活动中患者拥有保护自身的隐私部位、病史、身体缺陷、特殊经历、遭遇等隐私，不受任何形式的外来侵犯的权利。这种隐私权的内容除了患者的病情之外还包括患者在就诊过程中只向医师公开的、不愿意让他人知道的个人信息、私人活动以及其他缺陷或者隐情。医疗活动中常见的侵犯患者隐私权的情形有：医务人员非诊疗职责需要知悉患者隐私或超出知情范围刺探患者的隐私；故意泄露、公开传播或直接侵扰患者的隐私；直接侵入患者身体侵犯隐私；未取得患者同意组织与治疗疾病无关的人员观看治疗过程；未经患者同意公开其病历资料及有关资料等。

（四）名誉权纠纷。名誉权是指公民或法人在社会活动中所获得的社会评价依法受到保护的权利。《最高人民法院关于审理名誉权案件若干问题的解释》第八条规定：“医疗卫生单位的工作人员擅自公开患者患有淋病、麻风病、梅毒、艾滋病等病情，致使患者名誉受到损害的，应当认定为侵害患者名誉权。医疗卫生单位向患者或其家属通报病情，不应当认定为侵害患者名誉权。”此处解释虽然将隐私权与名誉权相混同，但也体现了对患者隐私权的迂回保护。特别提醒：虽然该解释只规定了四种疾病，但如果是其他疾病，医疗机构擅自向社会传播并造成患者名誉受到损害的，也应当认定侵犯了患者的名誉权。发生医疗纠纷后，若患方发布言论的基本内容失实或媒体进行报道的基本内容失实对医疗机构造成名誉损失的，也构成对医疗机构名誉权的侵犯。

（五）肖像权纠纷。肖像权是自然人对其肖像的制作和使用的权利，未经自然人同意，不得将其肖像物化使用。常见侵犯肖像权的行为方式有：未经患者同意将其照片用作商业宣传；未经明星或公众人物同意，将其肖像用作商业宣传配图，使人误认为该明星或公众人物为某医疗机构的形象代言人。

（六）生活美容纠纷。生活美容是指运用手法技术、器械设备并借助化妆、美容护肤等产品，为消费者提供人体表面无创伤性、非侵入性的皮肤清洁、皮肤保养、化妆修饰等服务的行为。由于生活美容并非医疗行为，故发生生活美容纠纷应按一般的人身损害赔偿提出侵权诉讼或提出服务合同纠纷诉讼，不能按照医疗纠纷处理。

（七）医疗机构安全保障义务纠纷。如因地面过湿致患者滑倒摔伤，患者在医疗机构住院时自残、自杀等纠纷。

4 医疗机构有哪些？

医疗机构是指取得《医疗机构执业许可证》的机构。根据《医疗机构管理条例实施细则》第三条规定，医疗机构的类别有：（一）综合医院、中医医院、中西医结合医院、民族医医院、专科医院、康复医院；（二）妇幼保健院、妇幼保健计划生育服务中心；（三）社区卫生服务中心、社区卫生服务站；（四）中心卫生院、乡（镇）卫生院、街道卫生院；（五）疗养院；（六）综合门诊部、专科门诊部、中医门诊部、中西医结合门诊部、民族医门诊部；（七）诊所、中医诊所、民族医诊所、卫生所、医务室、卫生保健所、卫生站；（八）村卫生室（所）；（九）急救中心、急救站；（十）临床检验中心；（十一）专科疾病防治院、专科疾病防治所、专科疾病防治站；（十二）护理院、护理站；（十三）医学检验实验室、病理诊断中心、医学影像诊断中心、血液透析中心、安宁疗护中心；（十四）其他诊疗机构。

5 医务人员有哪些？

在医疗纠纷中，医务人员包括医生、护士、药剂人员、检验化验人员，以及医疗机构中从事医疗管理、后勤服务的人员。

根据《中华人民共和国执业医师法》（以下简称《执业医师法》）的规定，医务人员分为专业医务人员和社会医务人员两大类：专业医务人员是指依法取得执业医师资格或者执业助理医师资格，经注册在医疗、预防、保健机构中执业的人员；社会医务人员指取得执业资格的待聘人员或个体行医者。对于非医务人员实施的诊疗行为，应认定为非法行医。

6 什么是诊疗活动？

诊疗活动是指通过各种检查，使用药物、器械及手术等方法，对疾病作出判断和消除疾病、缓解病情、减轻痛苦、改善功能、延长生命、帮助患者恢复健康的活动。患者在诊疗活动中受到损害的才适用医疗损害侵权责任。对于非医疗行为产生的人身损害赔偿责任，适用人身损害赔偿的一般规定。一般来说，以下四种情形可以认定为非医疗行为：（一）医院设施有瑕疵导致患者摔伤或在医院自残、自杀；（二）医院管理有瑕疵导致损害，如抱错婴儿；（三）医生故意伤害患者，如拿患者做试验；（四）非法行医致人伤害。

【案例 1-1】诊疗建议不是医疗行为案

刘某于 2014 年 5 月入 ×× 医院住院治疗，入院诊断为肺癌并转移。后刘某经人介绍找到曹某为其进行辟谷和针灸治疗，曹某通过手机短信发送含有中药药名、剂量、用法的民间偏方。2014 年 7 月刘某在 ×× 医院死亡，直接死亡原因为周围性呼吸衰竭，主要死亡原因为肺癌并全身多发转移。刘某去世后，其家属认为曹某误导刘某，使得刘某没到正规医疗机构进行正确、及时、有效治疗，耽误病情，延误诊治。曹某非法诊治行为导致刘某病情急剧恶化、最终死亡，曹某应对刘某的死亡承担一定责任。刘某家属将曹某诉至法院。法院委托某司法鉴定中心进行医疗损害鉴定，该中心因刘某死后未做尸体解剖检验、死因无法确定不予受理。法院审理后认为：原告无证据显示曹某对刘某实施了医疗行为，也无证据显示刘某死亡由曹某所致，故驳回刘某家属诉讼请求。

➡ 律师指引　诊疗行为是医疗损害侵权责任产生的前提，本案中，曹某对刘某的病情并未进行诊断，其对刘某的治疗建议不构成法律意义上的诊疗活动。虽然针灸行为属于医疗行为，但本案中曹某的针灸行为与刘某死亡没有因果关系，不构成医疗损害。

7 什么是患者的损害后果？

诊疗行为必须造成患者损害才有赔偿，没有损害则无赔偿。患者的损害后果必须是现实的损害，包括因侵害患者的生命权、健康权、身体权而造成的财产损害以及精神损害。

侵权责任法上的损害，应当具有以下特征：（1）损害是侵害合法民事权益所产生的对受害人人身或者财产不利的后果；（2）这种损害后果在法律上具有救济的必要与救济的可能；（3）损害后果应当具有客观真实性和确定性。

【案例1–2】王某注射氯化钠医疗纠纷案

王某至某传染病医院就诊，入院诊断为继发性肺结核双上中下涂（阴）初治，右侧结核性胸膜炎，蛋白质－能量营养不良症，低钾、低钠、低氯血症。主治医师李某根据诊断情况，为王某作出医嘱，注射西咪替丁、六合氨基酸、异烟肼、肝素钠、氨溴素等配置溶液。王某称其当时就不同意注射氯化钠并喊着"您这是要杀人"，但李某还是坚持给王某注射了氯化钠注射液。当时王某尿水就顺着肛门往下淌，体重骤减，精神恍惚（在出院诊断书上写着一般精神欠佳）。后王某认为，李某给其注射氯化钠治疗造成其体重骤减、精神恍惚等症状，属医疗事故，遂将该传染病医院诉至法院要求赔偿。法院审理后认为：王某未能提供证据对体重骤减、精神恍惚等症状予以证实，且未提供证据证实因李某为其注射氯化钠而导致身体受损或产生其他不良后果，亦未提供证据证实某传染病医院及李某在诊疗过程中存在过错、发生医疗事故，故驳回王某诉讼请求。

➜ 律师指引　在医疗损害赔偿纠纷案件中，有时患者仅出现一些症状，而无相应的体征检出，辅助检查也无阳性改变，这种情况在大多数案例中都被认定为无损害后果，仅在少数精神损害案件中可被视为损害后果。

8 认定医疗机构承担医疗损害责任的原则是什么？

医疗技术损害责任，即医疗机构及其医务人员在诊疗活动中给患者造成损害要承担的责任，其归责原则为过错责任原则：有过错才有责任，无过错则无损害赔偿责任。《最高人民法院关于审理医疗损害责任纠纷案件适用法律若干问题的解释》第四条规定："患者依据侵权责任法第五十四条规定主张医疗机构承担赔偿责任的，应当提交到该医疗机构就诊、受到损害的证据。患者无法提交医疗机构及其医务人员有过错、诊疗行为与损害之间具有因果关系的证据，依法提出医疗损害鉴定申请的，人民法院应予准许。"患者因医疗损害纠纷起诉至法院的，需要向法院提交医务人员诊疗行为存在过错的证据。如果患者因不懂医疗专业问题无法提供关于过错、因果关系方面证据的，可以申请医疗损害鉴定。

医疗产品责任，即医疗机构在医疗过程中使用有缺陷的药品、消毒药剂、医疗器械等医疗产品造成患者人身损害所需承担的责任，其归责原则为无过错责任原则：因使用药品、消毒药剂、医疗器械而受到损害的受害人向生产者、销售者主张赔偿时，生产者和销售者不得以自己无过错主张免责。在此类案件中，如果不能排除药品、消毒药剂、医疗器械无缺陷，医疗机构作为医疗器械的销售商，只要患者向医疗机构提出赔偿请求，医疗机构就应承担产品质量责任。如果医疗机构没有过错并已尽到应尽注意义务，在向患者承担赔偿责任之后，可以向药品、消毒药剂、医疗器械生产者追偿，药品、消毒药剂、医疗器械生产者承担最终责任。

输入不合格的血液造成患者损害的，其归责原则参照医疗产品责任。

第二章　发生医疗纠纷第一时间应该做什么？

9 发生医疗纠纷，第一时间应该做什么？

发生医疗纠纷时，应当及时处理的事项是复印、封存病历。

如果疑似因输液、输血、注射、药物、消毒药剂等引起不良后果的，应当及时对药品、医疗器械、血液及血制品等现场实物进行封存。

若患者死亡，不能确定死因或对死因有异议的，应在患者死亡后48小时内提出尸体解剖申请，具备尸体冻存条件的，可以延长至7日。

10 病历是什么？

病历是指医务人员在医疗活动过程中形成的文字、符号、图表、影像、切片等资料的总和，包括门（急）诊病历和住院病历。从记载内容来说，病历主要分为客观病历与主观病历两种。其中，客观病历是指客观记载患者病情、检查、治疗等情况的资料，主要有门诊病历、住院志、体温单、医嘱单、化验单（检验报告）、医学影像检查资料、特殊检查同意书、手术同意书、手术及麻醉记录、病理资料、护理记录等。主观病历指医疗活动中医务人员通过对患者病情发展、治疗过程进行观察、分析、讨论提出的诊治意见等而记录的资料，多反映医务人员对患者疾病以及诊治情况的主观认识，一般包括病程记录、上级医师查房记录、会诊记录、手术讨论记录、疑难病例讨论记录、死亡病例讨论记录等内容。

从保管形式上来讲，病历可分为患者自行保管的病历和医疗机构保管的病历。没有在医疗机构建立门（急）诊病历档案的，患者就诊的门（急）诊病历等由患者自行保管；在医疗机构建有门（急）诊病历档案的，其门（急）诊病历由医疗机构负责保管。住院病历由医疗机构负责保管。特别提醒：对于由患者自行保管的病历资料，患者应妥善保管。在医疗纠纷中，若患者自行保管的病历丢失，又无其他证据证明曾在医疗机构就诊的，很有可能因医疗服务关系无法确定而被法院驳回起诉。

【案例 2-1】未提供介入手术光盘，医院被法院判决担主责案

患者 2011 年因突发头痛伴恶心呕吐至当地医院就诊，行右侧后交通动脉瘤介入栓塞术，于 2012 年行左侧后交通动脉瘤介入栓塞术。2015 年 3 月 26 日患者入住医院神经外科，行脑血管造影术，提示“右侧眼动脉段动脉瘤支架辅助弹簧圈在位，瘤颈、瘤体少许造影剂残余”。4 月 2 日在全麻和肝素化下行“颅内动脉瘤介入栓塞术”，术中患者脑出血，病情危重，后又急诊行“脑出血清除 + 去骨瓣减压术”，术后患者昏迷。后患者转院，呈持续植物状态。患方诉至法院后，一审法院委托医学会鉴定，鉴定分析说明：根据所提供的术中 CT，患者存在右侧颞叶大面积脑出血伴造影剂外溢，蛛网膜下腔出血，脑室内积血。

患者颅内出血考虑与介入手术有关。在介入手术肝素化的情况下发生颅内出血，病情凶险，医方发现后及时行开颅手术，效果不佳。患者目前损害后果符合严重颅内出血的转归。现有的介入手术光盘不能完整反映介入手术操作过程，且手术者未到场接受现场调查，尚难判定医方介入手术操作是否规范。鉴定意见：不能确定医方是否存在医疗过错。医院不服并提出重新鉴定的申请。一审法院审理后认为：因医院不能提供反映手术操作过程的影像资料，不能提供证据证明肝素使用量，以致鉴定材料不足，不具备鉴定的条件，故一审法院对医院要求重新鉴定的申请不予准许。由于医院的原因，致使无法判断医方是否存在医疗过错，医院作为有义务提供证据的一方应承担不利的法律后果，故一审法院根据法律规定推定医院的诊疗行为存在过错，且与患者的损害后果存在因果关系。考虑到动脉瘤介入栓塞术本身是风险高的手术，颅内出血是并发症之一，一审法院酌情判令医院对患者的损害后果承担80%的责任。二审法院维持一审判决。

律师指引 在医疗活动中形成的影像资料属于病历资料的一种，本案中的影像资料包括手术录像和造影摄片。手术记录和能够反映手术操作过程的影像资料区别在于，手术记录是手术者术后根据回忆单方记录而成的，带有主观性，而影像资料直观反映了手术操作过程，客观性不容置疑。本案患者施行的是颅内动脉瘤介入栓塞术，因该手术是借助血管造影机等影像设备进行的手术，手术设备具备影像资料存储功能，故手术过程中必然会有医学影像资料的留存。根据《民法典》第一千二百二十二条规定“患者在诊疗活动中受到损害，有下列情形之一的，推定医疗机构有过错：……（二）隐匿或者拒绝提供与纠纷有关的病历资料；……”、第一千二百二十五条规定“医疗机构及其医务人员应当按照规定填写并妥善保管住院志、医嘱单、检验报告、手术及麻醉记录、病理资料、护理记录等病历资料。”，本案医院因未能提供手术光盘致使医疗过错鉴定不能，故被法院推定承担主要责任。特别说明：介入手术因其特殊性而具有手术视频，但并非所有手术都必须提供视频，法律也没有规定手术过程必须录像。患者的病历资料具体包含哪些内容还需根据个案诊疗情况进行认定。

11 纠纷发生时医生正在改病历，患方可不可以先把病历抢过来?

病历是处理医疗纠纷的重要证据材料，为正确处理医疗纠纷，最高人民法院在《第八次全国法院民事商事审判工作会议（民事部分）纪要》中明确指出：“因当事人采取伪造、篡改、涂改等方式改变病历资料内容，或者遗失、销毁、抢夺病历，致使医疗行为与损害后果之间的因果关系或医疗机构及其医务人员的过错无法认定的，改变或者遗失、销毁、抢夺病历资料一方当事人应承担相应的不利后果。”因此，在医疗纠纷处理中，当事人切不可采取销毁、抢夺病历资料的行为，以免发生因其销毁、抢夺病历行为致使医疗行为与损害后果之间的因果关系或医疗机构及其医务人员的过错无法认定的情形，并直接承担不利后果。

实践中，医务人员常因抢救急危患者不能及时书写病历。根据《病历书写基本规范》规定，部分病历可以在法定时间内补记，如抢救记录应当在抢救结束后 6 小时内据实补记；首次病程记录应当在患者入院 8 小时内完成；主治医师首次查房记录应当于患者入院 48 小时内完成；接班记录应当由接班医师于接班后 24 小时内完成；转科的转入记录由转入科室医师于患者转入后 24 小时内完成；常规会诊意见记录应当由会诊医师在会诊申请发出后 48 小时内完成；手术记录应当在术后 24 小时内完成；出院记录应当在患者出院后 24 小时内完成；死亡记录应当在患者死亡后 24 小时内完成；死亡病例讨论记录在患者死亡一周内完成。若医务人员书写相关病历在前述法定时间内，则符合法律规定，不能认为医务人员在纠纷发生后书写病历的行为一定是故意修改、篡改病历的行为。

12 患方该怎样复印病历？

复印病历可以固定病历的初始形态，防止对病历的非法修改，患方也可根据病历分析医方医疗行为是否存在过错。根据《医疗机构病历管理规定（2013 年版）》规定，医疗机构应当受理下列人员复印或复制病历的申请：1. 患者本人或其代理人；2. 死亡患者近亲属或其代理人；3. 保险机构。若医疗机构不予配合，患者可以向该医院所属的卫生行政部门投诉并取得病历复印件。若经过患者多次沟通医疗机构仍然拒绝复印，且在诉讼中拒绝提供与纠纷有关的病历材料，则法院可依据《侵权责任法》第五十八条规定直接推定医疗机构具有过错。

根据《医疗纠纷预防和处理条例》第十六条规定，患者有权查阅、复制其门诊病历、住院志、体温单、医嘱单、化验单（检验报告）、医学影像检查资料、特殊检查同意书、手术同意书、手术及麻醉记录、病理资料、护理记录、医疗费用以及国务院卫生主管部门规定的其他属于病历的全部资料。患方可随时要求复印病历，并不限于治疗结束之后。

复印病历资料时，应当有患者或者其近亲属在场。医疗机构应当在病历资料上加盖证明印记，即公章。公章可以是该院的公章，也可以是病历复印专用章。

医疗机构复印病历资料可以收取工本费，收费标准应当公开。

13 什么是封存病历？

封存病历是指在医疗机构或者其代理人、患者或者其代理人共同在场的情况下，对病历共同进行确认，签封病历原件或复制件。病历尚未完成，但需要封存时，可对已完成病历先行封存；病历按照规定完成后，再对后续完成部分进行封存。医疗机构应当对封存的病历开列封存清单，由医患双方签字或者盖章，各执一份。封存病历复印件的，未封存的病历原件可以继续记录和使用。

封存后的病历由医疗机构负责保管。开启封存病历必须在签封各方都在场的情况下实施。病历资料封存后医疗纠纷已经解决，或者患者在病历资料封存满 3 年未再提出解决医疗纠纷要求的，医疗机构可以自行启封。

14 电子病历怎么复印、封存？

医疗机构受理复印或者复制电子病历资料的申请后，应当在医务人员按规定时限完成病历后予以提供。

需要依法封存电子病历时，应当在医患双方在场的情况下锁定电子病历并制作完全相同的纸质版本供封存，封存的纸质病历资料由医疗机构保管。复印或者复制的病历资料经申请人核对无误后，医疗机构应当在电子病历纸质版本上加盖证明印记，或提供已锁定不可更改的病历电子版。

【案例 2-2】医院在封存病历后又加插病历致鉴定无法进行的，承担全部责任案

患者丁某，因“颈部疼痛10年，加重伴双上肢疼痛、麻木、乏力、头痛头昏、左下肢无力1周”，入住某医院治疗，于2011年7月2日9时许行颈椎前路减压植骨内固定术。当晚22时17分，丁某诉咽喉部不适，呼吸困难，面色潮红。医院立即抢救，至22时20分，丁某面色青紫，唇发绀，呼吸骤停，经给予气管切开、呼吸机辅助呼吸等抢救后，于22时43分恢复自主心跳，但无自主呼吸。2011年7月3日，丁某出现血压不稳定、急性肾衰竭、肝衰竭等症状。医院给予对症支持治疗，至2011年7月11日凌晨3时，丁某血压降至0mmHg，经抢救无效于当日4时死亡。医院对丁某作出最后诊断：1. 颈椎病（神经根型及脊髓型）；2. 多系统器官功能衰竭；3. 高血压Ⅰ级中危组；4. 右肾结石。死亡原因：脊髓水肿或喉头水肿致呼吸循环衰竭，多系统器官功能衰竭。经丁某家属委托，某司法鉴定中心对丁某进行尸检，鉴定结论如下：丁某死亡原因符合颈椎前路减压植骨内固定术后脑出血及多器官功能衰竭。一审法院审理过程中，医院与丁某家属分别申请进行医疗事故鉴定和医疗过错鉴定。在对鉴定资料进行质证时，丁某家属认为双方于2011年7月22日在医院启封复印原封存的病历资料时，医院医疗安全办公室的工作人员加入了若干材料，致使发生纠纷，患方为此报警。现封存件中的长期医嘱单、临时医嘱单存在两个不同的版本，证明医院确实向原封存的病历中加插了材料，且加入了哪些材料无法辨别。据此认为全部病历资料均不能作为鉴定的依据。医院

则认为患者丁某死亡后，患方要求立即封存病历，医院当即告知对方可以封存，但封存的只是“运行中死亡病历”，即不是完善的病历。根据法律规定，患者死亡的，病历完善可以分情况在6小时和24小时之内完成。2011年7月22日，医患双方开启7月11日封存的病历时，医院只是将完善的病历放入了封存的病历中，并未对已经封存的病历进行修改。病历资料应当作为鉴定的依据。因首次封存病历资料时，双方没有制作病历资料清单。医院也无法确认2011年7月22日向封存件中加插了哪些资料、是否明确告知了患方。后经协商，双方同意以患方已经复印的病历资料作为鉴定材料。法院遂委托司法鉴定中心进行鉴定。后司法鉴定中心称鉴定材料中无病程记录、出院记录及死亡记录等材料，无法反映整个诊疗过程，故无法评价医方的诊疗行为，故医疗过错鉴定程序被迫终结。一审法院根据案件事实酌情认定医方对丁某死亡承担60%责任。丁某家属上诉，二审法院审理后认为：本案确系因为医院的加插病历行为导致鉴定结论无法做出，医院应当承担不利法律后果和全部法律责任。后此案经高级人民法院再审、最高人民法院再审，最终维持医院承担全部责任的审判结果。

➲ 律师指引　根据《病历书写基本规范》规定，部分病历可以在法定时间内补记。本案中，医院在封存病历时应当制作封存清单列明封存的病历内容和页数，如果医院加插的病历确系患者死亡后补记的病历资料，符合法律规定和职业规范，可以明确告知患者亲属，对已有病历先行封存，补记的病历待补记完后再另行封存。本案医院往已经封存的病历中加插病历的行为破坏了已封存病历的完整性、真实性和客观性，且因医院的加插病历行为导致鉴定结论无法作出，该行为最终被法院认定为篡改病历的行为，并推定其有过错、承担全部责任。

15 实物封存怎么进行?

疑似输液、输血、注射药物或消毒药剂等引起不良后果的，医患双方应当及时共同对“现场实物”进行封存，封存应当粘贴封条，并在骑缝处签名盖章，注明日期；封存的“现场实物”由医疗机构保管，医疗机构应当向患方出具保管证明；需要检验的，应当由双方共同指定具备资质的检验机构进行检验；双方无法共同指定的，由卫生行政部门或法院指定。

16 如果不及时进行尸体解剖可能承担什么后果?

当事人不能确定死因或对死因有异议的，当事人应及时向可以承担医疗争议的尸检机构提出尸体解剖申请，拒绝或者拖延尸检，超过规定时间，影响对死因判定的，由拒绝或者拖延的一方承担责任。尸检申请由医疗机构提出的，应当经死者近亲属同意并签字，死者近亲属不同意尸检的，应当有书面签字记录；拒绝签字的视为死者近亲属不同意进行尸检。

【案例2-3】未做尸检无法明确死因，从而无法认定因果关系案

2017年3月，患者杨某因进行性吞咽困难一个月至某大学附属医院就诊，入院诊断为食管恶性肿瘤，3日后全麻下行胸腹两切口食管癌根治＋上消化道重建＋肠粘连松解＋胸膜粘连烙断＋空肠造瘘＋右下肺结节楔形切除＋右肺修补＋奇经脉烙断＋胸导管结扎术。术后诊断为：1. 食管中下段鳞癌；2. 右下肺结节。术后9日患者诉右侧胸痛，

一般阵痛效果不佳。术后11日，因患者右侧胸腔积液，医院为患者实施了右侧胸腔闭式引流术。同年5月15日患者突发左心前区疼痛，经心电图检查诊断意见如下：1. 窦性心动过速HR114bpm；2. 符合急性前间壁、前壁心梗心电图表现；3. 胸导R波递增不良。医院胸外科与心内科进行了会诊，后因治疗效果不佳，于6月18日将患者转入ICU治疗。患者病情逐步加重，给予呼吸机辅助呼吸，但症状改善不明显，同年6月28日经患者家属要求放弃各项治疗及抢救措施，患者于当日11时21分死亡。死亡原因为：循环、呼吸衰竭。同日，医院向患者家属送达尸检知情书，上面载明："我院对死亡患者需进行医学尸检，望家属了解知情，以明确死亡原因。"患者家属在不同意尸检栏签字捺印。后患者家属将医院诉至法院，一审中经某司法鉴定中心鉴定，鉴定意见为：医院在对被鉴定人杨某的诊疗过程中存在术后病情变化监测不到位的过错。法院审理后认为：因患者杨某死亡后未做尸体解剖，确切死因不明，导致无法判断本案被告的诊疗行为与患者死亡结果是否存在因果关系。而本案造成因果关系无法评定的原因在于原告，原告要求被告承担赔偿责任，但不能举证证实被告术后监测不到位的医疗行为与患者死亡后果之间存在因果关系，原告应承担举证不能的不利后果，但经鉴定被告在患者的诊疗过程中确实存在术后病情变化监测不到位的过错，且最终患者死亡，被告应承担一定的责任，故酌情认定被告对患者的死亡承担10%的责任。原告不服提出上诉，二审法院维持一审判决。后原告对二审判决提出再审申请，高院驳回再审申请。

➲ **律师指引** 本案中，虽然患者死亡证明书上已写明死亡原因是呼吸循环衰竭，但该死因只是医生的临床判断，不能等同于尸检报告，临床判断具有医学上的局限性，患者真正的死因应当通过尸检确定。死亡案例如果没有尸检作为科学依据，任何鉴定或调查都只能说在现有病历等文字材料基础上的猜测、推理，或凭经验进行的分析、判断。国外研究显示，临床诊断与病理尸检结果不符合率高达30%~50%，因此，涉及死亡的案件均建议患方及时进行尸检以明确死因，以查明事实、分清责任。

【案例2-4】医疗机构未告知尸检事宜致承担责任案

2016年5月24日，杜某至现代医院要求终止妊娠，现代医院医师接诊后认为杜某血压过高不宜行引产术，即让杜某服用了降压药硝苯地平缓释片，约一个小时后杜某血压虽有所下降，但诊治医生认为仍不适宜行引产术，遂嘱杜某带降压药回家服用，待血压稳定后再行引产。当日晚上，杜某感觉身体严重不适，其家人遂将其送往中心医院产科救治。中心医院诊断为：1、早发型子痫前期；2、孕7+月头位宫内单活胎。经杜某丈夫方某同意，中心医院于次日3时通过剖宫术取出胎儿活体（方某某）至新生儿科治疗，杜某术后被送至ICU继续治疗。杜某产后病情更加恶化，在中心医院释明杜某的病情后，其家属向中心医院表示放弃治疗，并愿意承担放弃治疗的后果和转运途中风险。杜某出院后于当晚约8时40分在自己家中死亡。杜某家属认为其死亡与现代医院的诊疗行为有关，要求现代医院赔偿。2016年5月27日，经市医疗纠纷人民调解委员会调解，达成了由现代医院向杜某家属先行支付丧葬费50,000元，待后通过司法途径处置的调解协议。双方签订该协议后，现代医院未按约定履行。方某按照农村习俗安葬了杜某，杜某安葬前未进行尸体解剖。后方某等5人将现代医院、中心医院诉至法院，并在诉讼中申请司法鉴定。一审法院依法委托省人民医院司法鉴定中心进行鉴定，后该鉴定中心以无死者杜某的尸体解剖资料、不能明确死亡具体原因为由终止鉴定。一审法院以方某等提交的证据不足以证明现代医院、中心医院存在医疗过错，方某等应承担举证不能的法律后果为由驳回其诉讼请求。方某等提出上诉，二审法院审理后认为：现代医院给杜某服用了严禁孕妇服用的硝苯地平缓释片，也未告知其应当留院观察，存在过错；纠纷产生后，现代医院未告知其近亲属应当进行尸检，存在过错。故现代医院对杜某的死亡应当承担相应责任。杜某在中心医院剖腹产下婴儿后，其丈夫方某放弃对杜某的治疗，对杜某的死亡应当承担相应的责任。因方某在一、二审中均未要求中心医院承担责任，故中心医院在本案中不承担责任。最终，二审法院认定杜某近亲属与现代医院对杜某的死亡各承担50%责任。

➲ 律师指引　按《医疗纠纷预防和处理条例》规定，发生医疗纠纷、患者死亡的，医疗机构应当告知其近亲属有关尸检的规定。尽管本案患者并非在现代医院内死亡，但在患者死亡后，患者近亲属与现代医院发生纠纷时，现代医院仍有告知患者近亲属相关尸检规定的义务。

17 死亡超过7天还能进行尸检吗?

目前我国越来越多的城镇具备尸体冷藏条件，对于死后立即冷藏的尸体，即使超过7日，仍有可能通过尸检明确死因。

18 医疗纠纷处理期间，死亡患者尸体怎么处置？

患者在医疗机构内死亡的，尸体应当立即移放太平间或者指定的场所，死者尸体存放时间一般不得超过 14 日。逾期不处理的尸体，由医疗机构向所在地县级人民政府卫生主管部门和公安机关报告后，按照规定处理。

第三章　医疗纠纷解决途径

19 医疗纠纷可以通过哪些方式解决?

合法的医疗纠纷解决途径有:

(一)医患双方自行和解:医患双方协商一致达成和解方案;

(二)人民调解:医患双方在医疗纠纷调解委员会的协调下达成调解方案;

(三)行政调解:医患双方在卫生行政部门的协调下达成调解方案;

(四)诉讼:当事人向人民法院提起诉讼,在法院的主持下达成调解方案或由法院依法判决。

20 发生纠纷后,在与医疗机构谈判时应注意什么?

医疗机构应设置处理医疗纠纷的专门场所,并有专(兼)职人员处理医疗纠纷。患方代表与医疗机构协商时应在医疗机构纠纷处理专门场所进行,并与医疗机构处理医疗纠纷的人员进行沟通,不能在医生办公室、医院大厅等可能影响正常医疗秩序的地方进行。医患双方人数较多的，应当推举代表进行协商，每方代表人数不超过5人。协商确定赔付金额应当以事实为依据，防止畸高或者畸低。医患双方经协商达成一致的，应当签署书面和解协议书。

21 患者与医疗机构“私了”有哪些好处和弊端？

相对“私了”（双方协商解决）来讲，“公了”途径有耗时长、成本高、取证困难、鉴定机构不中立、诉讼存在风险等种种不利因素。“私了”解决对专业知识要求低，更能够简便快捷地处理问题；但因解决过程中双方缺乏信任、信息不对称，有可能会掩盖事实真相，无法彰显公平正义。目前，为了促进患者依法、理性维权，多个地方都制定了地方规范性文件，明确规定在医疗纠纷中，若患方索赔超过一定金额，则不得自行协商。部分地方规定如下：

《江西省医疗纠纷预防与处理条例》规定：患者及其近亲属或者其代理人请求赔付金额二万元以上的医疗纠纷，医疗机构应当告知患者及其近亲属或者其代理人可以向医疗纠纷人民调解委员会申请调解。

《广东省医疗纠纷预防与处理办法》规定：医疗纠纷赔付金额1万元以上的，公立医疗机构不得与患者或者其近亲属自行协商处理；医患双方当事人申请医调委调解，对赔付金额10万元以上未达成一致意见的，应当先行共同委托依照国家和省有关规定设立的机构进行鉴定，明确责任。

《浙江省医疗纠纷预防与处理办法》规定：医疗纠纷索赔金额1万元以上的，公立医疗机构不得自行协商处理。双方当事人申请医调会调解，索赔金额10万元以上的，应当先行共同委托医疗事故技术鉴定，明确责任。

《山西省医疗纠纷预防与处理办法》规定：发生医疗纠纷后，患方索赔金额不超过 2 万元的，在确定责任的基础上，医患双方可以自行协商解决。

《天津市医疗纠纷处置办法》规定：发生医疗纠纷后，索赔金额未超过 1 万元的，可以由医疗机构与患者或者患者家属协商解决。发生医疗纠纷后，索赔金额超过 1 万元的，医患双方当事人可以向市医疗纠纷人民调解委员会申请调解。

《江苏省医疗纠纷预防与处理条例》规定：医疗纠纷索赔金额二万元以上的，公立医疗机构不得自行协商处理。

《西宁市医疗纠纷预防与处理办法》规定：医疗纠纷赔付金额 5 万元以上的公立医疗机构不得与患者及其近亲属或者委托代理人自行协商处理。

《威海市医疗纠纷预防与处置办法》规定：医疗纠纷调解工作启动后，公立医疗机构就医疗纠纷与患者自行和解的经济补偿或赔偿最高限额不得超过 1 万元；索赔金额在 1 万元以上不满 15 万元的，当事人应当选择调解或诉讼途径解决医疗纠纷；索赔金额在 15 万元以上的，应当先进行医疗事故技术鉴定或司法鉴定，明确责任后再进行调解，也可以直接向人民法院提起诉讼。民营医疗机构的医疗纠纷可参照公立医院上述标准和程序办理。

《滕州市医疗纠纷预防与处置办法》规定：公立医疗机构就医患纠纷与患方自行和解的，其经济补偿、赔偿最高限额不得超过 2 万元；索赔金额 2 万元（含 2 万元）至 8 万元的，应当选择调解或者诉讼途径解决；索赔金额 8 万元（含 8 万元）以上的，应当进行医疗事故技术鉴定或医疗过错司法鉴定，明确责任后再进行调解，或者直接向人民法院提起诉讼。

22 与医院签订和解协议后能反悔吗?

医疗纠纷发生后，医患双方协商处理有简捷方便的优点，但由于患者在医疗和法律知识方面的欠缺，医疗机构有可能会掩盖医务人员的责任。双方签订和解协议后，原则上是不能反悔的，否则要承担协议中的违约责任。但如果在签订协议时存在重大误解、显失公平情形，或者一方以欺诈、胁迫的手段或者乘人之危，使对方在违背真实意思的情况下订立的情形，则受损害方有权请求人民法院或者仲裁机构变更或者撤销协议。

23 医疗纠纷人民调解委员会是什么样的组织?

医疗纠纷人民调解委员会是针对医疗纠纷进行调解的人民调解组织，该组织在政府司法行政部门备案，并建立有法律、医学等方面专家组成的专家库，在调解过程中可以有效弥补患方医学知识不足、法律知识欠缺的局限，帮助医患双方更有效地在平等协商的基础上达成调解协议。医疗纠纷人民调解委员会调解医疗纠纷不收取费用。

24 人民调解的具体程序是怎样的?

申请医疗纠纷人民调解的，由医患双方共同向医疗纠纷人民调解委员会提出申请；一方申请调解的，医疗纠纷人民调解委员会在征得另一方同意后进行调解。申请人可以以书面或者口头形式申请调解。

医疗纠纷人民调解委员会调解流程通常为：接待咨询、决定受理、调查核实争议事项、认定责任、协商赔偿、达成和解。一般自受理之日起 30 个工作日内完成调解。需要进行医疗损害鉴定以明确责任的，由医患双方共同委托医学会或者司法鉴定机构进行鉴定，或由医疗纠纷人民调解委员会在经医患双方同意的情形下委托鉴定，鉴定时间不计入调解期限。因特殊情况需要延长调解期限的，医疗纠纷人民调解委员会和医患双方可以约定延长调解期限。超过调解期限未达成调解协议的，视为调解不成。

医患双方经人民调解达成一致的，医疗纠纷人民调解委员会应当制作调解协议书。调解协议书经医患双方签字或者盖章，人民调解员签字并加盖医疗纠纷人民调解委员会印章后生效。

25 经人民调解达成协议后又反悔，能向法院提出诉讼吗？

患方经过人民调解达成协议后又反悔的，可以向法院提出诉讼。但诉讼过程中，法院主要是针对调解协议的履行、变更、撤销来审理，在协议不存在重大误解、显失公平、欺诈、胁迫等法定可撤销、变更情形又无新的争议事实、证据出现时，法院针对原医疗纠纷内容不再审理。

26 什么是行政调解？

医疗纠纷行政调解是指医患双方在卫生行政部门的主持下达成调解协议。行政调解由医患双方或一方当事人向医疗机构所在地县级卫生行政部门提出申请。若医疗纠纷发生地为直辖市，则向该直辖市区级卫生行政部门提出申请。

27 行政调解与行政投诉有什么区别？

行政调解是卫生行政部门针对医患双方之间的民事纠纷进行调解，患方对调解不服或经调解达成协议后又反悔的，可以向法院起诉，但提出的是民事诉讼，不是行政诉讼；被告是医疗机构，不是卫生行政部门。

行政投诉是指患方针对医疗机构和医务人员的违法违规行为向卫生行政部门投诉，要求给予行政处理的行为。卫生行政部门根据具体违法事项和违法情节可以给予医疗机构和医务人员相应的行政处分，构成犯罪的，可以依法追究刑事责任。若患方对卫生行政部门的投诉处理结果不服，可以向上一级卫生行政部门或本级人民政府申请行政复议。行政部门处理行政投诉时，其首要工作是查实违法事项和违法情节，而不是处理医患之间的纠纷与冲突。

28 人民调解、行政调解、诉讼程序之间是什么样的关系？

若当事人在提出人民调解的同时提出行政调解的，由受理在先的部门进行调解，即若当事人提出人民调解时已经申请卫生主管部门行政调解并且已被受理的则医疗纠纷人民调解委员会不予受理，已经受理的，终止调解；若当事人提出行政调解时已经申请医疗纠纷人民调解委员会调解并且已被受理的则卫生主管部门不予受理，已经受理的，终止调解。

若当事人提出人民调解或行政调解并同时向法院提起诉讼的，若法院已经受理，则医疗纠纷人民调解委员会、卫生主管部门不予受理、终止调解，由法院负责审理相应医疗纠纷案件。

当事人可以不经人民调解、行政调解程序而直接向法院提出诉讼申请。

29 患者能通过信访处理医疗纠纷吗？

根据《信访条例》第二十一条第（一）款，“对已经或者依法应当通过诉讼、仲裁、行政复议等法定途径解决的，不予受理，但应当告知信访人依照有关法律、行政法规规定程序向有关机关提出”。医疗纠纷已由《医疗纠纷预防和处理条例》明确规定了处理途径，因此国家信访局已多次发文对医疗纠纷引发的信访建议采取调解及诉讼等方式进行解决。实践中，信访大多起到转发的作用，并不对医疗纠纷的处理产生实质性影响。

第四章 诉讼程序

30 谁可以作为原告提出医疗损害责任纠纷诉讼？

一般情况下，患者作为受害人，是医疗纠纷的原告。若患者为未成年人、植物人等无诉讼行为能力人或限制民事行为能力人，因其缺乏相应的民事行为能力和诉讼能力，由其监护人、法定代理人代为诉讼，此种情形下原告仍为患者本人。

在患者死亡的情形下，按照《民法典》第一千一百八十一条规定，由近亲属请求侵权人承担侵权责任。在我国民事诉讼中，“近亲属”的范围包括配偶、父母、子女、兄弟姐妹、祖父母、外祖父母、孙子女、外孙子女。其中，配偶、父母、子女是第一顺位，其他的为第二顺位。只有在没有第一顺位近亲属的情形下，第二顺位的近亲属才可以作为原告提出诉讼。除近亲属外，其他依靠受害人扶养的未成年人或缺乏劳动能力又没有生活来源的亲人，这些人事实上与受害人有亲密关系或者经济关系非常密切，受害人遇害对他们的精神生活和经济状况影响最大，也应当享有赔偿请求权，可以提出诉讼。

胎儿受到损害的，胎儿出生后可以自己的名义提出诉讼。若胎儿死在腹中或出生时是死体，则不能作为原告，产妇可以起诉医院赔偿损失，但不能主张胎儿的死亡赔偿金。若胎儿出生后又死亡的，由其父母（新生儿的近亲属）作为原告主张新生儿的死亡责任赔偿。

对于因产检未及时检查或诊断出相应疾病致缺陷儿出生的，因该先天性疾病并非由于医务人员的过错导致，故缺陷儿作为原告提出伤残赔偿金或死亡赔偿金的诉讼请求会被驳回，应以缺陷儿的父母作为原告提出诉讼，主张相应损失。

【案例 4–1】外祖母、兄长能否作为原告追究医院死亡损害赔偿责任？

2014 年产妇乔某至某医院妇产科住院生产，在生产过程中突发羊水栓塞，产下一男婴，婴儿脸色苍白、窒息，后乔某及其子均抢救无效死亡。乔某母亲及其另一子作为原告向法院提起医疗损害诉讼，要求医院赔偿乔某及乔某子 2 人的死亡赔偿金等损失。某省高级人民法院认为,《侵权责任法》第十八条虽规定了近亲属有权请求侵权人承担侵权责任，但根据《最高人民法院关于确定民事侵权精神损害赔偿责任若干问题的解释》第七条规定，自然人因侵权行为致死，或者自然人死亡后其人格或者遗体遭受损害，死者的配偶、父母和子女向人民法院起诉请求赔偿精神损害的，列其配偶、父母和子女为原告；没有配偶、父母和子女的，可以由其他近亲属提起诉讼，列其他近亲属为原告。该条规定了近亲属的顺位问题，即配偶、父母、子女是第一顺位，兄弟姐妹、祖父母、外祖父母、孙子女、外孙子女为第二顺位；没有第一顺位的，第二顺位的近亲属才能请求。本案中，两位原告分别为男婴外祖母，及男婴哥哥，均属于第二顺位；申请人提交的离婚证、火化证明无法证明男婴没有第一顺位近亲属或第一顺位近亲属有遗弃行为，二审认定两名申请人不享有男婴死亡的赔偿请求权。

➲ 律师指引 本案中，产妇的丈夫未参与到诉讼中来，产妇的母亲及其儿子进行了诉讼，符合产妇的近亲属第一顺位，虽然并非全部近亲属参与诉讼，但原告仍有诉权；但对于新生儿而言，在其父亲缺位的情况下，两位原告不属于近亲属第一顺位，丧失了诉权。

这种情况与继承之间的区别在于，在继承的情况下，如果母亲先于男婴去世，那么母亲作为男婴的继承人所应继承的份额可以由母亲的其他继承人代位继承；但死亡损害赔偿金不属于遗产，不存在代位继承的问题，在第一顺位近亲属存在的情况下，其他人并无追索死亡赔偿金的诉权。

【案例4-2】养女是否可作为原告提起医疗损害诉讼?

患者林某A，2017年至某医院就诊，终因救治无效死亡。其养女林某B向法院提起医疗损害责任纠纷诉讼。诉讼中，医院认为，原告主体不适格，其无证据证明是死者林某A的权利继承人及唯一继承人。在一审法院均判决医方承担赔偿责任、二审维持一审判决后，医院提出再审申请。某省高级人民法院再审认为：林某B为证明其与患者系父女关系，提供了当地派出所证明、镇人民政府民政办公室常住人口登记表、村民委员会证明等证据，结合林某A的住院病案首页记载的联系人为林某B、其入院记录上记载“未婚未育、有一养女”的婚育史信息、林某A死亡后医院和林某B共同申请某市医患纠纷人民调解委员会调解等事实，可以认定患者与林某B系父女关系，林某B有权提起本案诉讼。本案系因医疗损害引发之争议，并非继承纠纷，目前亦无林某A的其他继承人要求参加诉讼主张权利，故被告某医院认为林某B不具有原告主体资格，理由不能成立，驳回医院的再审申请。

➜ 律师指引　关于医疗纠纷诉讼中的原告范围问题，《民法典》第一千一百八十一条规定得比较原则化，实践中各地的做法不尽相同。有些地方在人民调解阶段要求全部近亲属（父母、配偶、子女）参与或进行共同委托；本案对养女的身份进行了形式审查，但其原告资格的认定更结合了被告的自认，包括病史、调解记录等证据予以认定。律师提示：在患者死亡的医疗纠纷案件中，患方最好尽可能地达成家属内部的一致意见，共同参与或委托处理医疗纠纷，并尽可能地收集相互之间关系的权威证据，包括原始户籍登记信息、历史档案等证据。村民委员会、居民委员会证明在大多数情况下也能得到法院的认可。医院如果对患方家属的身份存有疑问或者发现家属之间意见不一致的时候，应尽早提出其主体资格问题，避免形成自认，影响最后结果。

31 如果患者在诉讼过程中死亡，怎么办？

若患者在诉讼过程中死亡，则中止诉讼程序，等待其继承人表明是否参加诉讼，如果继承人表明继续诉讼，则变更原告为继承人；如果没有继承人或者继承人放弃诉权，则终结诉讼程序。

32 医疗损害责任纠纷中应以谁为被告？

《民法典》第一千二百一十八条规定："患者在诊疗活动中受到损

害，医疗机构或者其医务人员有过错的，由医疗机构承担赔偿责任。”据此，医疗损害责任纠纷案件的被告是医疗机构，而非实施具体诊疗行为的医务人员。若患者未在医疗机构挂号，而是在医疗机构之外私下找医生看病发生医疗纠纷的，则该医生的诊疗行为属于个人行为，此种情形下被告为医生个人。对于非医务人员实施的诊疗行为，应认定为非法行医，由该实施诊疗行为的具体人员承担责任。

医生多点执业过程中发生医疗损害的，由发生医疗损害的当事医疗机构承担赔偿责任。医生其他执业的非当事医疗机构不承担责任。医疗机构邀请本单位以外的医务人员对患者进行诊疗，因受邀医务人员的过错造成患者损害的，由邀请医疗机构承担赔偿责任。邀请医疗机构和受邀请医疗机构、医务人员之间的责任划分可以通过内部协议或协商解决。

因药品、消毒药剂、医疗器械的缺陷，或者输入不合格的血液造成患者损害的，患者既可以向医疗产品的生产者、销售者或者血液提供机构请求赔偿，也可以向医疗机构请求赔偿，或者将医疗产品的生产者、销售者、血液提供机构与医疗机构列为共同被告。

【案例4–3】杨某至卫生所就诊死亡案件

2016年8月27日，杨某因咽痛、咳嗽至村卫生所医生周某家中就诊。村卫生所有2名医生，经济上各自独立。医生周某在家门口挂有“某村卫生所分所”的牌子。周某为杨某注射过程中，杨某突发输液反应，周某立即停药拔针，肌注肾上腺素，采取人工复苏等抢救措施并拨打120急救电话。120急救医生到场后参与抢救，但杨某最终还是抢救无效死亡。杨某家属将周某、村卫生所、镇卫生院、县卫计局诉至法院，要求医疗损害赔偿。

法院认为：医生周某系村卫生所的医生，案发时其家里设置的诊所大门口挂有“某村卫生所分所”的牌子，可认定周某对杨某的诊治是以村卫生所的身份进行的医疗行为，故村卫生所应对杨某因输注头孢曲松纳过敏死亡造成的经济损失承担赔偿责任。又因周某是此事件中诊治行为的实施人，且其是在家里设置诊所进行诊治的，诊所的两名医生收支又相对独立，故周某应对村卫生所承担的赔偿款项承担连带赔偿责任。《村卫生室管理办法（试行）》第二十八条规定：“县级卫生计生行政部门组织或委托乡镇卫生院对村卫生室实行期绩效考核。考核结果作为相应的财政补助资金发放、人员奖惩和村卫生定人员执业再注册的依据。”《医疗机构管理条例》第十六条规定，申请医疗机构执业登记的须能够独立承担民事责任。本案中，虽然镇卫生院依照相关规定对村卫生所的业务进行一定的考核指导，但镇卫生院与村卫生所是两个分别经县卫计局核准成立的医疗机构，是两个分别具有民事行为能力的民事主体，且原告并无证据证明镇卫生院的行为与患者杨某的死亡之间存在因果关系，故镇卫生院不是本案适格的被告，在本案中不承担赔偿责任。县卫计局是行政机关，其决定聘用周某为村卫生所防疫医生是行政行为，并不发生用人单位与劳动者之间的劳动关系，县卫计局不是本案适格的被告，原告要求县卫计局承担赔偿责任无事实和法律依据。

➡ 律师指引　医务人员实施诊疗行为是代表医疗机构的职务行为，多点执业的医生只是意味着该医生在不同的时间点代表不同的医疗机构，诊疗行为的后果仍然由医疗机构承担，而不是由医务人员承担。只有在医生个人开的诊所，该诊所与医生个人财产无法分割的情况下，医生才需要与医疗机构承担连带责任。此外，医疗机构应独立承担民事责任，其上级技术指导单位对其作出的诊疗行为不承担责任。此种情况包括本案中的镇卫生院对村卫生所的技术指导、上级医院对下级医院的技术指导，也包括大学对附属医院的管理职能。卫生行政部门作为行政机关，对医疗机构承担行政管理职能，也不属于医疗损害案件的适格被告。

33 患者私底下找熟人看病受到损害的，能否以医疗机构为被告？

若患者没有到医院看病，而是私下请医生治疗，这种情况下医生的诊疗行为并非职务行为，而是个人行为，发生医疗损害，应以该医生个人为被告，与医生所在医院无关。

若患者到医院看病没有挂号，也不按规定建立门诊病历（病历本），而是直接找熟人看病，此种情况下患者并未与医院建立医疗服务合同关系，若发生医疗损害，与医院无关。

若医院对医生的诊疗行为进行追认，如医院按医生处方抓药，则可认为是对医生履行职务行为的追认，如果发生医疗纠纷，医院要承担过错责任。

【案例4-4】私下找医生检查被认定未与医院建立医疗服务合同关系案

翟某因身体不适，由其儿媳孙某带到医院做检查。因孙某系该医院B超科医生，因此孙某遂带翟某在相关科室进行了头颅CT平扫、颈椎以及胸正位拍片、心电图三项检查。翟某家属向相关医生咨询病情后医生未给出在医院进一步诊疗的建议。后孙某带翟某回家休息，在回家途中，病人突然发病，后经送往其他医院经抢救无效死亡。死亡原因为心肌梗死。翟某家属以医院在对翟某的诊疗过程中违反诊疗原则导致其死亡为由将医院诉至法院。庭审中，翟某家属提供了翟某在医院进行检查的相关资料，以证明翟某与医院之间存在诊疗医患关系。医方认为：翟某家属未能提供挂号单据、交费凭证及病历等患者正常就诊应有的材料，即便是走紧急病情患者就诊绿色通道，原告也未能提供补办挂号手续、补交检查费用等通过绿色通道就诊后应办理的相关手续。仅凭原告当庭提供的证据无法确认翟某与医院之间建立了诊疗医患关系。一审法院审理后认为：翟某与医院未建立医疗服务合同关系，驳回翟某家属诉讼请求。后此案经过二审、再审，均驳回翟某家属诉讼请求。

➲ **律师指引** 患者在诊疗活动中受到损害，主张医疗机构承担赔偿责任的，应当提交到该医疗机构就诊、受到损害的证据。若患者无法证明与医疗机构建立医患关系，就无法认定医疗机构存在侵害患者权益的行为，更无法确认医疗机构存在过错。

34 发生医疗纠纷，应在哪里提起诉讼？

医疗纠纷案件由医疗机构所在地或过错医疗行为发生地的基层人民法院管辖。医疗机构登记的住所地与实际经营地不一致的，则在实际经营所在地基层法院起诉。若起诉多个医疗机构的，可在其中任何一个医疗机构所在地基层法院起诉。一般建议在过错程度较大、造成损害最严重的医疗机构所在地起诉。

35 医疗纠纷中患者起诉的案由有哪些？

案由，即案件的具体法律关系，是诉讼案件的原由。人民法院在立案时会基于当事人不同的请求权确定相应的案由。根据我国《民事案件案由规定》，涉及医疗的民事案件案由分为“医疗损害责任纠纷”和“医疗服务合同纠纷”两种。其中“医疗损害责任纠纷”中设置了侵害患者知情同意权责任纠纷”和“医疗产品责任纠纷”两个下级案由。起诉时，选择不同的案由则适用不同的法律规定。若选择“医疗服务合同纠纷”作为案由，则适用合同相关法律规定及其相关司法解释；若选择“医疗损害责任纠纷”作为案由，则适用侵权类法律规定和相关司法解释，如《民法典》中侵权责任篇、《医疗纠纷预防和处理条例》和《最高人民法院关于审理医疗损害责任纠纷案件适用法律若干问题的解释》《最高人民法院关于审理人身损害赔偿案件适用法律若干问题的解释》等。

患者可以根据案件具体情况选择确定合同纠纷或侵权赔偿任一请求权，但不能同时要求合同纠纷和侵权赔偿两个请求权。

36 发生医疗纠纷后须在多长时间内提出诉讼？

依据《民法典》第一百八十八条规定，患者身体受到伤害要求赔偿的，诉讼时效为三年，从患者损害结果出现、得知侵权事实存在、明确侵权人时开始计算。自权利受到损害之日起超过二十年的，人民法院不予保护。若诉讼时效期间届满，但侵权人同意赔偿的，不受诉讼时效的限制。

对于因药品、消毒产品、医疗器械等医疗产品的缺陷造成患者损害的诉讼时效，依据《中华人民共和国产品质量法》(以下简称《产品质量法》)第四十五条规定，“因产品存在缺陷造成损害要求赔偿的诉讼时效期间为二年，自当事人知道或者应当知道其权益受到损害时起计算”。按照特别法优先于普通法的法律原则，对于医疗产品缺陷造成患者损害的诉讼时效应为二年。同时，按照《产品质量法》第四十五条第二款的规定，“因产品存在缺陷造成损害要求赔偿的请求权，在造成损害的缺陷产品交付最初消费者满十年丧失；但是，尚未超过明示的安全使用期的除外。”

37 患方起诉时应提交什么证据材料?

患方起诉时应提交的证据材料有：

(1) 患者至医疗机构就诊证据，主要有挂号单，病历，相关缴费、收费凭证；

(2) 患者受到损害的证据；

(3) 证明医疗机构及其医务人员有过错、诊疗行为与损害之间具有因果关系的证据，该部分证据若起诉时无法提交，可依法提出医疗损害鉴定申请。

38 医方诉讼中应准备什么证据材料?

除患方病历资料外，医方在诉讼中可以就其免责情形提供相关证据，具体包括：

（1）患者或者其近亲属不配合医疗机构诊疗行为相关证据；

（2）医务人员在抢救生命垂危的患者等紧急情况下已经尽到合理诊疗义务的证据；

（3）患者病情属于当时的医疗水平难以诊疗的情形。

对于因使用医疗产品或者输入血液受到损害引发的纠纷，医方还应提供其在采购、使用医疗产品或者血液时已尽到应尽注意义务的证据。

39 诉讼过程中发现有未主张的权利可否变更或增加诉讼请求?

医疗纠纷案件中，医方诊疗行为是否具有过错，诊疗行为与损害后果之间是否存在因果关系以及原因力大小，患者损伤残疾程度，患者的护理期、休息期、营养期等专门性问题常常需要进行鉴定，患者的赔偿金额也需要依据鉴定结果进行计算，故常常发生患者在鉴定结果出来后变更诉讼请求的情形。依据相关法律规定，在案件受理后、法庭辩论结束前，原告均可增加、变更诉讼请求。在法庭辩论结束后，原告不得再变更诉讼请求，也不得再提交证据、提交鉴定申请。

40 审判法官与医院有利益关系，该怎么办?

依据《中华人民共和国民事诉讼法》（以下简称《民事诉讼法》）第四十四条规定，案件审判人员、书记员、翻译人员、鉴定人、勘验人有下列情形之一的，应当自行回避，当事人有权用口头或者书面方式申请他们回避：（一）是本案当事人或者当事人、诉讼代理人近亲属的；（二）与本案有利害关系的；（三）与本案当事人、诉讼代理人有其他关系，可能影响对案件公正审理的。此外，若案件审判人员、书记员、翻译人员、鉴定人、勘验人接受当事人、诉讼代理人请客送礼，或者违反规定会见当事人、诉讼代理人的，当事人有权要求他们回避。因此，若医患双方在诉讼中发现审判人员有上述情形之一的，可以向法院提出申请，要求审判人员回避。回避申请需要在案件开始审理时提出；回避事由在案件开始审理后知道的，也可以在法庭辩论终结前提出。

依据《民事诉讼法》第三十七条规定，有管辖权的人民法院由于特殊原因，不能行使管辖权的，由上级人民法院指定管辖。因此，在法官与案件有特殊利益关系时可以由法院报请上级法院指定管辖。

【案例 4–5】朱某与人民医院医疗损害指定管辖案

朱某因与人民医院医疗损害责任纠纷诉至江苏省扬州市广陵区人民法院，该法院审理后认为：被告人民医院委托诉讼代理人及主治医生叶某的妹妹为扬州市中级人民法院的审判员，由其审理该案不利于案件的公正审理。为避免当事人对司法公正产生不必要怀疑，该院报请江苏省高级人民法院请求指定管辖。江苏省高级人民法院审理后裁定由江苏省镇江市京口区人民法院审理此案。

41 患者撤诉后还能再次起诉吗？

有时患者会出于诉讼风险高、赔偿金额少等考虑撤回起诉。在未按期交纳诉讼费用，经传票传唤、无正当理由拒不到庭或未经法庭许可中途退庭的情形下，法院也会裁定按撤诉处理。撤诉的结果是本次诉讼的终结，并不影响当事人再次诉讼主张权利，也就是说，撤回起诉后还可以再次起诉。

42 不服一审判决该怎么上诉？

当事人不服地方人民法院第一审判决提起上诉的，应当在收到判决书之日起15日内通过原审人民法院向上一级人民法院提出。若不服的是裁定书，则须在收到裁定书之日起10日内提起上诉。当事人只能对判决书中对其不利的判决或事实部分提出上诉，不能对诉讼费的负担方式提出上诉。

上诉状的内容包括当事人的姓名、法人的名称及其法定代表人的姓名或者其他组织的名称及其主要负责人的姓名；原审人民法院名称、案件的编号和案由；上诉的请求和理由。

43 再审是什么？

我国实行两审终审的审判制度，一审判决若超过上诉期没有上诉，则为生效判决。若有上诉，则二审判决为终审判决。再审程序是法院对于已经发生法律效力的、有重大瑕疵的判决进行再次审理的一种非常途径。当事人提起再审的时间是判决或裁定生效以后六个月内。据以作出原判决、裁定的法律文书被撤销或者变更，以及发现审判人员在审理该案件时有贪污受贿，徇私舞弊，枉法裁判行为的，自知道或者应当知道之日起六个月内提出。

再审只有符合法定情形，才会被裁定再审，否则裁定驳回再审申请。依据《民事诉讼法》第二百条规定，当事人可以申请再审的情形有:(一)有新的证据，足以推翻原判决、裁定的;(二)原判决、裁定认定的基本事实缺乏证据证明的;(三)原判决、裁定认定事实的主要证据是伪造的;(四)原判决、裁定认定事实的主要证据未经质证的;(五)对审理案件需要的主要证据，当事人因客观原因不能自行收集，书面申请人民法院调查收集，人民法院未调查收集的;(六)原判决、裁定适用法律确有错误的;(七)审判组织的组成不合法或者依法应当回避的审判人员没有回避的;(八)无诉讼行为能力人未经法定代理人代为诉讼或者应当参加诉讼的当事人，因不能归责于本人或者其诉讼代理人的事由，未参加诉讼的;(九)违反法律规定，剥夺当事人辩论权利的;(十)未经传票传唤，缺席判决的;(十一)原判决、裁定遗漏或者超出诉讼请求的;(十二)据以作出原判决、裁定的法律文书被撤销或者变更的;(十三)审判人员审理该案件时有贪污受贿，徇私舞弊，枉法裁判行为的。

对于已经发生法律效力的调解书，只有在当事人有证据证明调解违反自愿原则或者调解协议的内容违反法律的情形下才可以申请再审。

特别提醒:虽然法律没有明确规定在上诉期内无正当理由不提起上诉的，提出再审不予受理，但再审作为一种特别救济手段，应当是在当事人穷尽一切救济手段后的补充方式，故建议当事人对一审判决不服的，要及时提出上诉，而不是在上诉期满后提出再审申请。

【案例 4–6】一审后未上诉，申请再审不予支持案

夏某因发热、皮疹到村卫生室(易某诊所)就诊，谢某在易某的电话指导下给夏某用药，在没有做皮试的情况下给夏某注射了头孢哌酮舒巴坦钠药物，夏某随即出现了口吐白沫、抽搐、昏迷症状，被立即送往镇卫生院抢救，并转上级医院治疗。之后，夏某到长沙、北京

多家医院就诊，诊断为癫痫。村卫生室系经过卫生行政主管部门批准成立的非营利性、集体所有制形式的医疗卫生机构，开办单位为该村村民委员会。夏某将易某、谢某、村卫生室、村民委员会、镇卫生院起诉至法院，一审法院审理后认为：村卫生室、谢某对夏某的诊疗行为存在明显过错，并判决村卫生室、易某、谢某对夏某连带赔偿二十四万余元。一审判决后夏某不服提出上诉，二审法院审理后改判：村卫生室、易某、谢某对夏某赔偿二十六万余元，村民委员会对赔偿承担连带责任。二审判决后，易某、谢某不服，向高级人民法院提出再审。高级人民法院审理后认为：易某、谢某对于一审判决认定夏某的损害后果与村卫生室、易某、谢某的诊疗过错行为存在因果关系并判决由其承担赔偿责任并未提出上诉，应视为易某、谢某接受一审判决结果。再审程序是针对生效判决可能出现的重要错误而赋予当事人的特别救济程序，如在穷尽了常规救济途径后，当事人仍认为生效裁判有错误的，可向法院申请再审。因易某、谢某二审未上诉，缺乏再审利益，对其再审请求不应予以支持，否则将变相鼓励或放纵当事人滥用再审程序，将再审程度从特殊程序异化为普通程序。对于再审申请人提出的医疗费、交通费、住宿费发票没有原件、鉴定违法等问题，同样基于再审申请人在一审判决后没有就此提起上诉，现申请再审不予支持，且再审申请人未提供相应证据支持其上述申请再审的理由。高级人民法院裁定驳回易某、谢某再审申请。

44 如果对判决不服，除了再审程序外，还有其他救济方式吗？

若当事人申请再审被驳回，人民法院逾期未对再审申请作出裁定或再审判决、裁定有明显错误的，可以向人民检察院申请检察建议或者抗诉。人民检察院若向人民法院提出检察建议，人民法院应当对案件进行审查，并决定是否提起再审。人民检察院若向人民法院提出抗诉，人民法院应当自收到抗诉书之日起三十日内作出再审的裁定。

45 医疗损害案件责任的承担形式有哪些?

根据《民法总则》第一百七十九条规定，承担民事责任的方式主要有:（一）停止侵害;（二）排除妨碍;（三）消除危险;（四）返还财产;（五）恢复原状;（六）修理、重作、更换;（七）继续履行;（八）赔偿损失;（九）支付违约金;（十）消除影响、恢复名誉;（十一）赔礼道歉。法律规定惩罚性赔偿的，依照其规定。前述承担民事责任的方式，可以单独适用，也可以合并适用。

46 判决赔偿后对方拒不执行怎么办?

发生法律效力的民事判决、裁定，当事人必须履行。若对方拒绝履行的，当事人可以向人民法院申请执行。申请执行应在二年内提出。执行期间，当事人可以达成和解协议。若达成和解协议后对方当事人仍不履行，当事人可以向人民法院申请恢复原生效判决的执行。

侵犯名誉权的侵权人拒不执行生效判决，不为对方恢复名誉、消除影响的，人民法院可以采取公告、登报等方式，将判决的主要内容和有关情况公布于众，费用由被执行人负担。

第五章　医疗过错的鉴定

47 医疗纠纷中有哪些事项可以通过鉴定进行确定?

医院的诊疗行为是否规范、合理，因为涉及专业的医学知识，当事人往往欠缺证明能力，而法官也难以判断，因此需要借助医疗鉴定。依据《最高人民法院关于审理医疗损害责任纠纷案件适用法律若干问题的解释》第十一条第二款规定，可以申请医疗损害鉴定的事项有：（一）实施诊疗行为有无过错;（二）诊疗行为与损害后果之间是否存在因果关系以及原因力大小;（三）医疗机构是否尽到了说明义务、取得患者或者患者近亲属书面同意的义务;（四）医疗产品是否有缺陷、该缺陷与损害后果之间是否存在因果关系以及原因力的大小;（五）患者损伤残疾程度;（六）患者的护理期、休息期、营养期;（七）其他专门性问题。

48 医疗损害鉴定与医疗事故鉴定有哪些区别?

医疗事故鉴定是依据《医疗事故处理条例》规定，由当事人或卫生行政部门向医学会提出的鉴定申请，其鉴定核心内容是是否构成医疗事故。

医疗损害鉴定是依据《医疗纠纷预防和处理条例》规定由当事人或司法机关委托向医学会或者司法鉴定机构提出的鉴定申请，其鉴定内容有:（一）是否存在医疗损害以及损害程度;（二）是否存在医疗过错;（三）医疗过错与医疗损害是否存在因果关系;（四）医疗过错在医疗损害中的责任程度。

医疗事故技术鉴定本质上属于行政鉴定，是否构成医疗事故，构成几级医疗事故以及对医疗事故进行处理是卫生行政部门的职责。人民法院在审理医疗纠纷案件时，对于是否承担医疗过错损害赔偿责任是按照侵权损害赔偿责任构成要件即医疗损害鉴定的鉴定内容来认定的。是否构成医疗事故，不是认定医疗过错损害赔偿责任的必要条件，即不构成医疗事故并不意味着不需要承担医疗过错损害赔偿责任。

从民事赔偿角度出发，发生医疗纠纷需要对医疗过错进行鉴定的，一般建议提出医疗损害鉴定。

49 医疗损害鉴定机构有哪些?

省、设区的市医学会和具有法医临床鉴定、法医病理鉴定、法医精神病鉴定业务范围的司法鉴定机构。根据《医疗事故处理条例》规定，中华医学会可以在必要时组织疑难、复杂并在全国有重大影响的医疗事故争议的技术鉴定工作。

50 医学会鉴定与司法鉴定机构鉴定有什么区别?

目前，我国医疗损害鉴定存在医学会与司法鉴定机构均可承担的鉴定体制“二元化”现象，二者在鉴定人员资质、鉴定程序、鉴定结论形成、鉴定人签名制度、鉴定人出庭作证制度等方面均有不同。

医学会鉴定的鉴定人员主要是由各科临床医学专家组成，涉及死因、伤残等级鉴定时，亦会有法医参加。医学会接受鉴定委托后需从其专家库中抽取与案件相关的临床学科专家组成专家鉴定组，专家鉴定组组成人员为 3 人以上单数，实行合议制。专家组组成后将审查医患双方的鉴定材料及陈述书，听取双方陈述意见，进行必要的询问及检查，然后进行合议，根据半数以上专家鉴定组成员的一致意见形成鉴定结论。鉴定报告形成后，由医学会加盖公章，鉴定专家不具名，实行专家组集体负责制。原则上，技术专家也不就鉴定有关问题接受法庭调查、质证，仅在必要时出具书面质证意见，书面意见同样不显示专家姓名。

司法鉴定的鉴定人员由取得了《司法鉴定人执业证》的鉴定人组成，多系法医出身。司法鉴定机构接受委托后一般会指定或选择两名以上鉴定人进行鉴定，召集医患双方当事人听取其陈述意见，并根据需要对被鉴定人或检材进行必要的检验，经咨询相关临床医学专家意见后，形成合议意见，制作鉴定意见书。鉴定人在鉴定意见书上署名并承担责任，包括后续的书面解释、出庭质证及其他的法律责任。

在上海，目前医疗损害仍然只能通过医学会进行鉴定，其他省市可以选择医学会或司法鉴定机构进行鉴定。

51 如何选择医疗损害鉴定机构?

医疗损害鉴定机构一般由医患双方自行协商、共同委托。若医患双方对选择医疗损害鉴定机构协商不一致或者双方都要求随机选择的，应当在医疗纠纷人民调解委员会或行政、司法机关主持下进行随机选择。

虽然目前并无法律法规强制规定医疗损害鉴定必须由医患双方共同委托，但鉴于单方自行委托鉴定所得的鉴定意见其鉴定材料未经质证，鉴定人的选定也未经商定或法定，故单方委托申请鉴定的鉴定意见极有可能不被对方采信，因此，不建议患方单独委托鉴定机构进行鉴定。例如《上海市高级人民法院关于委托医疗损害司法鉴定若干问题的暂行规定》第五条规定："对于诉讼前的既有鉴定结论，如系一方当事人单方委托鉴定的，一般应由法院委托重新鉴定。"《江苏省医疗损害鉴定管理办法》第八条规定："在医患双方自行协商、医疗纠纷人民调解过程中，需要进行医疗损害鉴定的，应当由医患双方共同委托。"

52 若医患双方一方或双方不同意进行鉴定，怎么办?

《民事诉讼法》第七十六条规定："当事人可以就查明事实的专门性问题向人民法院申请鉴定。当事人申请鉴定的，由双方当事人协商确定具备资格的鉴定人；协商不成的，由人民法院指定。当事人未申请鉴定，人民法院对专门性问题认为需要鉴定的，应当委托具备资格的鉴定人进行鉴定。"《最高人民法院关于审理医疗损害责任纠纷案件适用法律若干问题的解释》第八条规定："当事人依法申请对医疗损害责任纠纷中的专门性问题进行鉴定的，人民法院应予准许。当事人未申请鉴定，人民法院对前款规定的专门性问题认为需要鉴定的，应当依职权委托鉴定。"根据"谁主张、谁举证"的原则，如果涉及专业性问题应当由负有举证责任的一方当事人向法院提出鉴定申请并先行垫付鉴定费用，待法律责任确定后再根据情况确定鉴定费的负担。由于医疗纠纷的专业性，鉴定意见往往对于纠纷的解决起到至关重要的作用，故在当事人不申请鉴定的情况下，人民法院对专门性问题认为需要鉴定的，可以依职权委托鉴定。

特别提醒：由于大多数情况下患者是承担举证责任的一方，若不申请鉴定无法查明案件事实，可能会直接导致败诉的结果。

53 患方提出鉴定申请应提交哪些材料？

患方提出医疗损害鉴定申请，除向鉴定机构提交医疗损害鉴定委托书外，还需要提交以下材料：（1）患方有效身份证件；（2）患者门诊病历、住院病案、疾病诊治相关的客观病案资料原件及其复印件；（3）医学影像资料、音像资料、病理切片等；（4）鉴定机构认为需要提交的其他材料。重新鉴定的，还需提交原医疗损害鉴定意见复印件。

提交前述第（1）（2）（3）项材料应当经医患双方确认或者人民法院质证确认。

54 鉴定程序怎么进行？

依据《司法鉴定程序通则》规定，委托人应当向司法鉴定机构提供真实、完整、充分的鉴定材料，司法鉴定机构应当对委托鉴定事项、鉴定材料等进行审查。对于鉴定材料不完整、不充分，不能满足鉴定需要的，司法鉴定机构可以要求委托人补充。

医疗损害鉴定机构进行鉴定应当召开鉴定听证会，听取医患双方陈述。医学会组织的鉴定专家、有关工作人员以及司法鉴定机构的鉴定人、邀请的专家应当参加鉴定听证会。医疗损害鉴定听证会一般按照以下程序组织召开：

（一）宣布鉴定听证会纪律，核实医患双方身份，介绍鉴定人或者专家的姓名和专业职称等；

（二）询问是否需要回避，如医患一双或者双方提出的回避申请符合本办法第十八条规定的，应当暂停听证会，待人员确定后重新开始；

（三）按照先患方、后医方的顺序，医患双方在规定的时间内分别陈述意见和理由；

（四）鉴定人、专家根据需要向医患双方提问；

（五）必要时，可以对患者进行现场体检，现场体检应当进行详细的记录。对未成年人的身体进行检查时，应当有其监护人在场。对女性的身体进行检查时，应当有女性工作人员在场；

（六）医患双方退场，专家根据委托事项和争议要点进行讨论并签名。

鉴定合议时，专家根据鉴定的材料、医患双方陈述、现场检查情况等，结合卫生管理、医疗专业理论知识、技术和临床经验，依据医疗专业领域的技术标准、技术规范、操作规范、技术指南、药品说明书等，对委托鉴定事项相关的关键性问题进行综合分析，出具专业技术性判断意见。

医学会根据鉴定专家合议意见出具医疗损害鉴定意见书。司法鉴定机构结合鉴定人、受邀的专家意见出具医疗损害鉴定意见书。

55 鉴定听证中患方陈述应重点陈述哪些内容？

患方陈述一般分为两部分，第一部分是诊疗概要，系对患者诊疗过程的总结性陈述，需严格按照时间顺序排列对鉴定有意义的诊疗事实。有意义的诊疗事实是指能够反映出患者的主要症状、诊断依据、治疗方案及损害后果的事实。第二部分是患方观点，主要涉及两方面内容：一是医方诊疗行为中存在的过错，具体分析医疗行为过程是否违反有关法律、法规、医疗行业规范；二是分析上述过错行为与损害后果之间的因果关系。

56 无法鉴定的情形有哪些？

医疗过错鉴定意见可以解决医疗纠纷案件中法官不得不查明的专业性问题，是医疗纠纷处理过程中重要的证据，但实践当中也常常出现无法进行鉴定的情形。依据《司法鉴定程序通则》第十五条规定，有以下情形之一的鉴定委托，司法鉴定机构不得受理：（一）委托鉴定事项超出本机构司法鉴定业务范围的；（二）发现鉴定材料不真实、不完整、不充分或者取得方式不合法的；（三）鉴定用途不合法或者违背社会公德的；（四）鉴定要求不符合司法鉴定执业规则或者相关鉴定技术规范的；（五）鉴定要求超出本机构技术条件或者鉴定能力的；（六）委托人就同一鉴定事项同时委托其他司法鉴定机构进行鉴定的；（七）其他不符合法律、法规、规章规定的情形。

实践中，常见的无法进行鉴定的情形有以下几种：

（1）病历遗失。没有病历或病历不完整、不充分将导致无法进行医疗过错认定。

（2）病历伪造与篡改。若患方认为医方病历存在伪造、篡改情形，双方就病历真实性不能达成一致意见，则无法提交鉴定申请。

（3）未进行尸体解剖，无法明确死因。若患者死亡，未进行尸体解剖，且患者死亡原因不能明确的情形下，可能导致无法鉴定的后果。需要特别说明的是《医疗纠纷预防和处理条例》第二十六条规定："患者死亡，医患双方对死因有异议的，应当在患者死亡后 48 小时内进行尸检；具备尸体冻存条件的，可以延长至7日。”目前我国越来越多的城镇医疗机构具备尸体冷藏的条件，对于死后立即冷藏的尸体，即使超过7日，也可能通过尸体解剖明确死因，故不能单以死亡超过7日为由不进行尸体解剖。

（4）无证执业或超范围执业。医疗过错鉴定主要针对医疗行为是否有过错及过错与患者损害后果的因果关系问题进行鉴定。医疗机构或医师无证执业或超范围执业属于行政管理规定范围，不属于医疗损害鉴定的鉴定内容。

57 什么是补充鉴定?

鉴定机构作出鉴定意见后，若发现有以下情形，可以根据委托人的要求进行补充鉴定：1. 原委托鉴定事项有遗漏的；2. 委托人就原委托鉴定事项提供新的鉴定材料的。补充鉴定是原委托鉴定的组成部分，由原司法鉴定人进行。

58 对鉴定意见不服，能否提出重新鉴定?

《司法鉴定程序通则》第三十一条规定：“有下列情形之一的，司法鉴定机构可以接受办案机关委托进行重新鉴定：（一）原司法鉴定人不具有从事委托鉴定事项执业资格的；（二）原司法鉴定机构超出登记的业务范围组织鉴定的；（三）原司法鉴定人应当回避没有回避的；（四）办案机关认为需要重新鉴定的；（五）法律规定的其他情形。”第三十二条规定：“重新鉴定应当委托原司法鉴定机构以外的其他司法鉴定机构进行；因特殊原因，委托人也可以委托原司法鉴定机构进行，但原司法鉴定机构应当指定原司法鉴定人以外的其他符合条件的司法鉴定人进行。接受重新鉴定委托的司法鉴定机构的资质条件应当不低于原司法鉴定机构，进行重新鉴定的司法鉴定人中应当至少有一名具有相关专业高级专业技术职称。”

《最高人民法院关于民事诉讼证据的若干规定》第四十条规定，当事人申请重新鉴定，存在下列情形之一的，人民法院应当准许：（一）鉴定人不具备相应资格的；（二）鉴定程序严重违法的；（三）鉴定意见明显依据不足的；（四）鉴定意见不能作为证据使用的其他情形。同时规定，对鉴定意见的瑕疵，可以通过补正、补充鉴定或者补充质证、重新质证等方法解决的，人民法院不予准许重新鉴定的申请。

由此可见，重新鉴定一般是在鉴定意见存在重大瑕疵或程序违法的情形，通过补充鉴定、质证等方式无法解决的情况下才可以启动。

59 对鉴定意见不服，能让鉴定人出庭对质吗？

根据《最高人民法院关于审理医疗损害责任纠纷案件适用法律若干问题的解释》第十三条规定：“鉴定意见应当经当事人质证。当事人申请鉴定人出庭作证，经人民法院审查同意，或者人民法院认为鉴定人有必要出庭的，应当通知鉴定人出庭作证。双方当事人同意鉴定人通过书面说明、视听传输技术或者视听资料等方式作证的，可以准许。鉴定人因健康原因、自然灾害等不可抗力或者其他正当理由不能按期出庭的，可以延期开庭；经人民法院许可，也可以通过书面说明、视听传输技术或者视听资料等方式作证。无前款规定理由，鉴定人拒绝出庭作证，当事人对鉴定意见又不认可的，对该鉴定意见不予采信。”《司法鉴定程序通则》第四十三条规定：“经人民法院依法通知，司法鉴定人应当出庭作证，回答与鉴定事项有关的问题。”

鉴定结论本质上属于证据的一种，和其他证据一样都必须在法庭上经过质证，才能作为定案的依据。在法院确定需要鉴定人出庭作证以查明鉴定意见中的问题时，鉴定人应当出庭作证。

60 什么是专家辅助人？

当事人对鉴定意见不服，要求鉴定人出庭作证时，因医疗纠纷极强的专业性，常使当事人、法官陷入难以理解的窘境。《民事诉讼法》第七十九条规定：“当事人可以申请人民法院通知有专门知识的人出庭，就鉴定人作出的鉴定意见或者专业问题提出意见。”出庭的有专门知识的人即专家辅助人，其作用就是帮助当事人对鉴定意见进行质证。专家辅助人出庭的相关费用由提出申请的当事人负担，其就法庭上的专业问题提出的意见，视为当事人陈述。

61 鉴定的风险有哪些？

鉴定可能存在的风险主要包括：

（一）鉴定事项不一定能够得出结论，即存在鉴定不予受理或予以中止退卷的风险，意味着该专门性问题可能无法查明；

（二）鉴定结论不一定符合申请人的预期。鉴定机构只对鉴定结果的真实可靠性负责，对法律和科学负责，并不仅限于对委托机构或委托人负责，因此可能存在鉴定意见与当事人预期发生重大偏差或截然相反的情况；

（三）鉴定费用由委托人预交，作出鉴定意见后不论是否对委托人有利，鉴定机构不退费用。在医疗纠纷诉讼中，法院最终会按照责任比例由医患双方分别承担相应的费用。

62 鉴定意见书与法官审判是什么样的关系?

司法鉴定意见仅是案件的证据之一，是鉴定人在诉讼过程中，运用科学技术或者专门知识对诉讼涉及的专门性问题进行鉴别和判断并提供鉴定意见的活动。在司法实践中，一旦鉴定机构形成了司法鉴定意见，经过当事人提出异议和法庭询问、质证，法院一般就会采信鉴定意见并作为案件判决的主要依据。但鉴定意见只是证据之一，法官审判还需依据案件其他证据材料，对相关法律问题进行判断、作出审判结果。

若出现无法鉴定情形，法官依然要结合案件相关事实和证据作出判决，而不能直接判决驳回起诉或裁定不予受理。

【案例 5-1】鉴定意见未被法院判决采纳案

2007 年 8 月，毛某因上下牙不齐到某中心卫生院就诊，之后经过上牙合 10 个月、下牙合 7 个月“矫正器”矫正，出现上牙弓变小，与下牙弓不匹配的情况。为此，在矫正一年多后，某中心卫生院医生对毛某实行了下颌后移的“下颌重力后牵引”，后又进行上下牙齿矫正，后拆除“矫正器”，改用“保持器”固定。在此期间的整个矫正、诊疗过程均无病历记载。2011 年后，毛某因下颌后缩、关节弹响等症状，先后在多家医院就诊，诊断结论为因正畸或下颌重力牵引治疗后，出现面型改变、关节盘移位，为颞下颌关节紊乱症。2012 年 6 月，毛某所在市医疗纠纷人民调解委员会委托某司法鉴定所对原告进行伤残等级评定，结论为八级伤残。2013 年 1 月，毛某向法院起诉，经法院委托，浙江省医学会作出某中心卫生院医疗行为存在过错、承担次要责任的鉴定意见。后因被告对原告的伤残等级、原告对被告的过错存在争议，法院重新委托华东政法大学司法鉴定中心进行鉴定，鉴定意见为：某中心卫生院在对被鉴定人毛某的诊疗过程中存在一定过错，医院过错责任酌情为 20~30%；对被鉴定人目前存在的症状评定为十级伤残。后毛某以病情仍在治疗中为由撤回起诉，并于一年后以某中心卫生院病历缺失、应退鉴而未退、鉴定事实不符、证据不足、程序不当、医方违反诊疗规范为由再次起诉。法院委托浙江大学司法鉴定中心进行鉴定，浙江大学司法鉴定中心认为：某中心卫生院的整个医疗行为事实不清，无法对委托事项作出准确、客观的评价和鉴定意见，并决定不受理此案，退回全部送鉴材料。一审法院认为，原、被告之间的过错责任虽有浙江医学会及华东政法大学司法鉴定中心的鉴定结论，但由于被告仅能提供初始检查病历及矫正方案，对矫正中的诊疗过程没有记录，对医生在诊疗过程中的诊疗措施、诊疗方式是否得当，原告出现颞下颌关节紊乱病时是否采取恰当的防止措施均不能证明，应视为举证不能。浙江医学会及华东政法大学司法鉴定中心在没有病历记录佐证及原告无临床表现的情况下认定被告的过错在 20~30% 缺乏事实根据，其结论不具有科学性、客观性，法院对其鉴定意见不予采信。由于被告对其诊疗行为违反医疗常规，未对诊疗过程进行病历记载，且无证明其没有或减轻过错的证据，因此，应认定其对原告的诊疗行为存在过错。由于原告的颞下颌关节紊乱病是在被告处进行牙齿矫正过程中出现的，而被告又不能证明该结果与诊疗行为无因果关系，故应认定其过错与原告的损害结果存在因果关系，应承担全部过错责任，并判决被告某中心卫生院赔偿原告毛某 409441.24 元。某中心卫生院不服上诉，二审法院维持一审判决。

➲ 律师指引　鉴定意见是民事诉讼证据的一种，证据必须查证属实，才能作为认定事实的根据。但鉴定意见并非客观事实，对于该类证据人民法院经审查并结合相关事实，确信待证事实的存在具有高度可能性的，就应当认定该事实存在。

【案例 5-2】鉴定意见过错参与度未被采纳案

魏某因上腹痛反复发作，腹胀 2 年到某医院就诊，入院诊断为：胆总管结石；慢性胰腺炎；胰腺假性囊肿；脂肪肝。入院后完善各种检查，最后诊断：胰头占位性病变：胰头癌？胆道梗阻腹腔淋巴结肿大慢性胰腺炎慢性胆囊炎。魏某在某医院行 ×× 剖腹探查、胰十二指肠切除、胆囊切除、腹腔引流术。术中见门静脉壁与肿瘤粘连，分离中破损门静脉壁，出血较多，术后进行了输血、纠正电解质紊乱等对症治疗。患者腹腔引流管持续有大量鲜红色血性引流液引出，会诊意见考虑患者凝血功能紊乱导致手术创面出血，无手术止血指征。后患者血压进行性下降，于手术次日 7 时抢救无效死亡。死亡原因为：×× 失血性休克”。死亡诊断（包括解剖诊断）:1. 胰头占位性病变：胰头癌？；2. 失血性休克；3. 胆总管结石；4. 胆道梗阻；5. 胆道感染；6. 慢性胆囊炎；7. 慢性胰腺炎；8. 胰腺假性囊肿；9. 急性肾功能不全；10. 脂肪肝。由于对魏某死因存在争议，魏某亲属与某医院委托某大学司法鉴定中心对魏某死因进行鉴定，鉴定意见为：魏某在行胰腺癌切除术，剥离门静脉周围肿瘤时造成门静脉破裂、出血致失血性休克死亡。诉讼中，一审法院委托某司法鉴定中心对医疗行为进行鉴定，鉴定意见为：某医院的医疗行为存在过错；该医疗过错与魏某的死亡存在因果关系；医方的医疗过错与死亡后果参与度不少于70%。庭审中，鉴定人到庭作证，并就某医院是否存在手术操作不当、后果估计不足以及过错参与度等问题进行了陈述。一审法院审理后认为：尽管司法鉴定意见书认为医方的医疗过错与死亡后果参与度不少于70%，但该意见仅为鉴定机构对医方的诊疗行为与损伤后果是否存在因果关系的一种事实判断，具体的法律评价仍应由法院根据案件事实进行综合评判，一审法院现酌情认定某医院在本案中承担30%的赔偿责任，二审法院维持一审判决。

➔ 律师指引　鉴定意见中的过错参与度与民事责任承担比例不能直接等同。过错参与度是关于医疗过错行为导致患者损害的原因力评价，是对医疗过错行为这一原因事实是否为造成损害的条件以及在何种程度上造成损害发生的判断。这种事实判断不完全等同于作为侵权责任构成要件的因果关系，也不等同于民事责任的承担比例。本案中，患者自身病情的特殊性及复杂性是导致其在术中并发大出血的主要原因，法院没有依据鉴定意见70%的参与度，而是综合案件事实对医方作出30%的责任比例判断，符合与当时医疗水平相适应的医疗技术水准要求，也符合公平原则。

第六章　医疗损害责任的认定

63 诊疗过程中，医务人员应当向患者说明的内容有哪些？

《民法典》第一千二百一十九条规定：医务人员在诊疗活动中应当向患者说明病情和医疗措施。需要实施手术、特殊检查、特殊治疗的，医务人员应当及时向患者具体说明医疗风险、替代医疗方案等情况，并取得其明确同意；不能或者不宜向患者说明的，应当向患者的近亲属说明，并取得其明确同意。"《基本医疗卫生与健康促进法》第三十二条第二款规定："需要实施手术、特殊检查、特殊治疗的，医疗卫生人员应当及时向患者说明医疗风险、替代医疗方案等情况，并取得其同意；不能或者不宜向患者说明的，应当向患者的近亲属说明，并取得其同意。法律另有规定的，依照其规定。"

这里将医务人员对患者的告知内容分为两种情形：

（1）在通常的诊疗活动中医务人员需要说明的信息主要为病情和医疗措施。具体来说，病情包括疾病的性质、严重程度、发展变化趋势等信息，还包括诊断信息，即疾病名称、诊断依据等；医疗措施包括可供选择的医疗措施、各种医疗措施的利与弊、根据患者的具体情况拟采用的医疗措施、该医疗措施的治疗效果和预计大致所需的费用、可能出现的并发症和风险以及不采取医疗措施的危险性等。

（2）在实施手术、特殊检查、特殊治疗的情况下，医务人员除了履行向患者说明病情和医疗措施的义务以外，还应当及时向患者说明医疗风险、替代医疗方案等情况。所谓医疗风险，是指医疗措施可能出现的并发症、后遗症、不良反应等风险，替代医疗方案信息包括可选择的几种治疗方案及各种治疗方案利弊等信息。

特殊检查、特殊治疗是指具有下列情形之一的诊断、治疗活动：（1）有一定危险性，可能产生不良后果的检查和治疗；（2）由于患者体质特殊或者病情危笃，可能对患者产生不良后果和危险的检查和治疗；（3）临床试验性检查和治疗；（4）收费可能对患者造成较大经济负担的检查和治疗。

64 签了风险告知书，是否意味着医院免责？

患者或家属在手术同意书、风险告知书、治疗风险提示等文书上签字，意味着患者或家属知情并同意承担相关医疗操作所带来的风险，但这种风险承担应当限于医生遵照医疗规范实施医疗措施的范围内，对于违反诊疗规范、因医疗过错造成患者不应有的人身损害后果的，医疗机构仍要承担侵权责任。

65 哪些情况下医疗机构可以不用征得患者或其家属同意采取强制医疗措施？

为了使公共利益以及他人利益免受正在发生的危险的侵害或者威

胁，医疗机构依照法律法规授权，可以对正在发生特殊疾病的患者在必要情况下强制行使救护和诊疗措施，而患者必须接受，无权拒绝。根据我国目前法律法规的规定，医疗机构基于公共利益实施的强制治疗行为包括以下情形：

（一）甲类传染病病人、病原携带者、疑似病人拒绝隔离治疗或者隔离期未满擅自脱离隔离治疗的，可以由公安机关协助医疗机构采取强制隔离治疗措施。

（二）严重精神障碍者在接受强制治疗时若出现危及其自身、他人及社会的行为，可不经其本人及其法定代理人的意见直接采取强制医疗措施。

（三）吸食、注射毒品成瘾人员在经批准开办戒毒脱瘾治疗业务的医疗单位实行强制性治疗时，无需征得毒品成瘾人员的同意。

66 医院可以拒绝急危患者吗?

《医疗机构管理条例》第三十一条规定："医疗机构对危重病人应当立即抢救。对限于设备或者技术条件不能诊治的病人，应当及时转诊。"《执业医师法》第二十四条规定："对急危患者，医师应当采取紧急措施进行诊治；不得拒绝急救处置。"《基本医疗卫生与健康促进法》第二十七条第三款规定："急救中心（站）不得以未付费为由拒绝或者拖延为急危重症患者提供急救服务。"因此，患者具有紧急救治权，医疗机构不能以患者没有履行其合同义务为理由（如没有交付医疗押金）不对急危患者进行紧急救治。

患者的紧急救治权只有在病情危急、严重威胁生命时才享有。另外，对于患者或者其近亲属自主决定放弃治疗的，医疗机构不再履行紧急救治义务。

67 医务人员的诊疗义务有哪些?

《民法典》第一千二百二十一条规定:“医务人员在诊疗活动中未尽到与当时的医疗水平相应的诊疗义务，造成患者损害的，医疗机构应当承担赔偿责任。”判断医务人员在诊疗活动中是否达到当时的医疗水平，最重要的就是要客观评价诊疗活动是否符合医务人员应当达到的注意标准，是否尽到注意义务。

注意义务可分为一般注意义务和高度注意义务。一般注意义务是对医务人员的基本要求，是所有医务人员都应当遵守的行为规范，即要求医务人员在诊疗活动中始终保持善意，尊重患者生命权、健康权、人格权，如以治疗疾病为首要目的，毫无保留地将疾病相关诊疗事项告知患者，在选择、设计诊疗方案时尽可能经济，在诊疗过程中尽可能地为患者提供方便，保障患者安全等。高度注意义务是对医务人员在每一个诊疗环节应遵守的具体规定与要求，如在检查、诊断、用药、手术、观察、告知及后续随访，每一个环节都有具体的诊疗常规、护理规范、专家共识来规范，如医师值班制度要求值班医师夜间必须在值班室留宿，不得擅自离开;护理人员在患方邀请时应立即前往视诊，如有事离开，必须向值班护士说明去向;抗菌药物分级管理制度要求患者需要应用限制使用抗菌药物治疗时，应经具有主治医师以上专业技术职务的医师同意并签名，应用特殊使用抗菌药物应具有严格临床用药指征或确凿证据经抗感染或有关专家会诊同意，处方需经具有高级专业技术职务任职资格的医师签名等。

68 病历修改是不是伪造、篡改病历?

依据《民法典》第一千二百二十二条规定，医疗机构遗失、伪造、篡改或者违法销毁病历资料的直接推定其有过错。其中，伪造是指添加或者修改有实质影响的内容、虚假的签名；篡改是指涂改关键数据或者有实质影响的内容。

虽然《病历书写基本规范》明确要求病历书写应当客观、真实、准确、及时、完整、规范，但实践中医务人员常因工作繁忙，常常会在病历书写中出现一定的瑕疵。对于有瑕疵的病历，须区别情况对待：若病历仅存在错别字、未按病历规范格式书写等形式瑕疵的，这些瑕疵不影响病历真实性，也不影响对事实的认定，则在医方做出合理解释后，法院予以采信；若书写瑕疵有病程记录矛盾或不一致，医嘱未能执行完毕或不能一一对应，医疗行为记录不全，费用清单与诊疗行为未能一一对应等情况，但该部分内容不影响案件实质性认定，则该部分病历材料不作为鉴定材料，由鉴定机构对其他病历材料进行鉴定以明确过错责任和因果关系。若瑕疵问题涉及医疗行为的关键事实，内容存在明显矛盾或错误且医疗机构不能作出合理解释的，则推定医疗机构存在过错。

69 医院误诊是否一定承担责任?

误诊，包括诊断错误、延误诊断、漏误诊断、病因判断错误、疾病性质判断错误几种类型。误诊常会导致治疗方法错误、真正的疾病治疗延迟或错失治疗时机，从而对患者的疾病治愈产生一定影响。误诊可分为责任性误诊和技术性误诊两种情形，责任性误诊是指医务人员由于疏忽大意、过于自信，导致不谨慎细致、专业水平不够的医疗过失行为；技术性误诊是指由于病症自身特殊发展规律、个体差异、技术设备条件限制，以及医生的思维方式和经验、知识能力的局限等非主观过错的情形。

判断误诊是否构成医疗过错，主要从以下几方面分析：

（1）鉴别诊断的措施是否全面，包括相关病史的收集，症状体征的发现，必要的检查措施、监测手段等。

（2）鉴别诊断的思维分析过程是否符合规范。

（3）医院和医生是否达到诊断该疾病的水准。

若医务人员诊疗行为符合诊疗规范也尽到了相应的谨慎义务，则即使发生误诊，也是非主观过错的技术性误诊，不被认定为医疗过错。

70 手术并发症的发生是不是医院没有责任?

手术并发症是指前人已经总结出的因手术操作而可能引起的其他组织器官的损伤、缺失、功能障碍等，手术风险告知书中常会列举多项并发症，对患者进行告知。

并发症显然是一种损害后果，判断医院对此是否承担责任的关键是医方是否对并发症的发生尽到了应尽的注意义务，具体可从以下几方面分析：

（1）医方是否已经预见到患者可能出现的并发症，如果应当预见而没有预见到，则医方没有尽到结果预见义务，构成医疗过错；

（2）医方是否将可能发生并发症的情形告知患者，如果没有向患者或家属告知，则违反了告知说明义务，构成医疗过错；

（3）医方是否采取相应的诊疗措施以尽可能避免并发症的发生。

并发症可分为难以避免的并发症和可避免的并发症两类，对于前一类，医方即使尽到充分注意义务仍不能避免并发症的发生，不认定为医疗过错；对于后一类，医方需加以充分注意并采取积极有效的防治措施，若没有尽到充分注意义务，则构成医疗过错；

（4）并发症发生后，医方是否采取了积极的治疗措施以防止损害后果的扩大。若医方怠于采取相应措施，则即使其对并发症的发生没有过错，仍应对患者损害的扩大承担相应的赔偿责任。

若医务人员在诊疗行为中对并发症的发生未尽到前述注意义务的，则对并发症的发生仍需按其医疗过错承担相应的损害赔偿责任。

71 哪些诊疗行为属于过度医疗？

诊疗行为中一方面要求医方积极履行诊疗义务，基于科学性实施相关医学检查，另一方面要求医方不得实施不必要的检查，只有两义务恰当、充分履行才能保障患者的合法权益。过度医疗是指由于多种原因引起的超过疾病实际需要的诊断和治疗的医疗行为或医疗过程，这种诊断和治疗对于该疾病是多余的、不必要的，甚至是有害的。具体包括：（一）对某种疾病的诊断超过了该疾病实际需要的诊断手段；即可以用简便的、一次性能够得到的诊断，却用了复杂昂贵和多次重复的诊断，亦即超越了学术界公认的可行的适宜的诊断方法和手段。（二）对某种疾病的治疗采用了多余的、无效的，甚至有害的治疗方法和手段，即对某种疾病的治疗未能从疾病的实际出发，采用了超常规的，也即学术界主流观点认为的多余的过度的治疗，这种治疗不仅于疾病无益，且可能对身体有害。如扩大手术指征和手术范围、放宽放疗和化疗的标准、盲目地采用生物治疗等；（三）对疾病的诊断和治疗的费用，超过了一般标准。对病人的诊断和治疗超越了该病人体力和财力的可支持度，虽然这种诊断和治疗符合学术界的公认要求，也应视为过度医疗;（四）对属于正常生理范围的现象，或者虽有异常，但这种异常可以通过自身调节很快得以恢复正常的现象进行的医疗干预，以及对某些死亡征兆已经很明显或死亡不可逆转的病人仍进行挽救生命的无效治疗。

下述医疗行为不应视为过度医疗:（一）对于某些复杂和难以诊治的疾病要求进行必要的重复检查才能确诊的医疗行为;（二）为抢救危重病人的生命而采取的某些可能不一定收到实效和十分有把握的治疗;（三）在别无选择的情况下为了探索其他有效的治疗方法而选用的某些实验性治疗;（四）为了防范某些疾病传播或病情的扩大，避免更大的风险，对病人采取的某些适度的过度诊断或治疗，但这种举措不能无限扩大，否则也应视为过度医疗;（五）眼前虽没有疾病征兆，但为预防病症发生而采取的某些治疗;（六）疾病已治愈，但为了防止复发或预防某些并发症的产生而给予的治疗。

72 医生是否可以超说明书用药?

药品说明书是载明药品的重要信息的法定文件，也是医师、药师、护师和病人治疗用药时的科学依据，还是药品生产、供应部门向医药卫生人员和人民群众宣传介绍药品特性，指导合理、安全用药和普及医药知识的主要媒介。《处方管理办法》第十四条规定:“医师应当根据医疗、预防、保健需要，按照诊疗规范、药品说明书中的药品适应证、药理作用、用法、用量、禁忌、不良反应和注意事项等开具处方。”因此，超说明书用药是不被允许的。

尽管临床上常常存在超说明书用药的情形，且大多取得了很好的治疗效果，但超说明书用药缺乏大量的科学临床试验验证，其安全性和有效性难以保障。如果医生确有必要超说明书用药，必须充分告知患者超说明书用药的原因及可能出现的危险，并由患者或其家属签署知情同意书。

73 产检正常却生出畸形儿，患儿家属该怎么维权？

产检正常却生出畸形儿的纠纷又称“不当出生”纠纷，此种纠纷与一般医疗损害责任不同之处在于：1. 胎儿的缺陷并非由于医疗机构过错造成，而是胎儿先天存在的；2. 畸形儿的出生不是其父母的主观意愿。若医疗机构尽到了合理的检查与告知义务，有可能会避免畸形儿出生这一后果。因此，医疗机构在产前检查过程中是否存在过错是其是否承担损害赔偿责任的关键。患儿家属可以从以下几方面判断医疗机构是否存在过错：

（1）产前检查医务人员是否具有相应资质。依据《产前诊断技术管理办法》第八条规定：“从事产前诊断的卫生专业技术人员应符合以下所有条件：（一）从事临床工作的，应取得执业医师资格；（二）从事医技和辅助工作的，应取得相应卫生专业技术职称；（三）符合《从事产前诊断卫生专业技术人员的基本条件》；（四）经省级卫生健康主管部门考核合格，取得从事产前诊断的《母婴保健技术考核合格证书》或者《医师执业证书》中加注母婴保健技术（产前诊断类）考核合格的。”

（2）医务人员是否尽到了足够的注意义务。《产前诊断技术管理办法》第十七条规定：“孕妇有下列情形之一的，经治医师应当建议其进行产前诊断:(一)羊水过多或者过少的;(二)胎儿发育异常或者胎儿有可疑畸形的;(三)孕早期时接触过可能导致胎儿先天缺陷的物质的;(四)有遗传病家族史或者曾经分娩过先天性严重缺陷婴儿的;(五)年龄超过35周岁的。"《母婴保健法》第十六条规定:"医师发现或者怀疑患严重遗传性疾病的育龄夫妻,应当提出医学意见。育龄夫妻应当根据医师的医学意见采取相应的措施。"第十七条规定:"经产前检查,医师发现或者怀疑胎儿异常的,应当对孕妇进行产前诊断。"

(3)医务人员是否尽到了相应的告知义务。《产前诊断技术管理办法》第二十条规定:"开展产前检查、助产技术的医疗保健机构在为孕妇进行早孕检查或产前检查时,遇到本办法第十七条所列情形的孕妇,应当进行有关知识的普及,提供咨询服务,并以书面形式如实告知孕妇或其家属,建议孕妇进行产前诊断。"《母婴保健法》第十八条规定:"经产前诊断,有下列情形之一的,医师应当向夫妻双方说明情况,并提出终止妊娠的医学意见:(一)胎儿患严重遗传性疾病的;(二)胎儿有严重缺陷的;(三)因患严重疾病,继续妊娠可能危及孕妇生命安全或者严重危害孕妇健康的。"

由于技术的局限性,产前检查并不能发现所有的畸形,也不能对胎儿以后的发育做出预测,如果医疗机构在产前检查中尽到了与其医疗技术水平相应的注意和告知义务,则医疗机构不存在过错,对患儿的出生不承担赔偿责任。

74 实验性诊疗发生不良后果的,医疗机构是否承担责任?

许多科研、教学医院,经常有经过国家有关部门批准用于临床试验的药物、试剂、治疗仪器等在病人身上试用。对于患者签字同意进行实验诊疗发生不良后果的，医疗机构不承担责任。但试用必须按试验性的有关规定进行，必须说明使用的目的及可能产生的不良后果或副作用，必须征得患者本人同意，并签订协议书。

75 医院组织观摩教学是否侵犯患者隐私权?

医学院校学生进入临床实习是对前面所学理论知识的检验，也是为今后踏上工作岗位打基础，这一基础对于医生来说非常重要，在实习的过程中通过一些有经验的医生给他们传授一些实际的病例，使他们能尽快地学到治病的技能，所以临床实习是医学生向医生转变所必须经历的阶段。所以有医学院认为出于医学发展和培养医护人员的公益需要，组织临床教学是医院的法定义务，患者应当积极配合。虽然医院的出发点是善良的，但是不能以牺牲患者的隐私权为代价。无论院方以何种理由进行观摩教学，首先应当取得患者的同意。根据《中华人民共和国执业医师法》(以下简称《执业医师法》)的规定，实习生并不具备法律意义上的医师资格，不享有获悉患者隐私的权利，院方在没有征求患者同意的情况下，组织与治疗疾病无关的人员观看治疗过程就构成侵权。并且，患者没有担当医学教学标本的义务。教学医院承担临床教学任务，是院方本身的社会责任和义务，履行义务应当有变通之法，而粗暴的侵犯患者的隐私并非唯一的途径。院方可以请求患者的配合但是绝对没有权利去要求或者在未经允许的情况下，擅自进行侵犯患者隐私权的行为，否则将导致违法后果，要承担相应的民事责任。

76 婚检查出艾滋病，检查机构未告知患者伴侣致其感染的是否需要承担责任？

《艾滋病防治条例》第四十二条规定："对确诊的艾滋病病毒感染者和艾滋病病人，医疗卫生机构的工作人员应当将其感染或者发病的事实告知本人；本人为无行为能力人或者限制行为能力人的，应当告知其监护人。"根据该规定，若在一般疾病检查中，医护人员应当注意保护艾滋病患者的隐私，不得故意泄露、公开传播。但根据《艾滋病防治条例》第三十八条规定："艾滋病病毒感染者和艾滋病病人应当履行下列义务：……（二）将感染或者发病的事实及时告知与其有性关系者；……"而婚检是男女双方以结婚为目的而进行婚前医学检查，故在男女双方进行婚检时应视为其与医疗机构的医疗服务合同中允许医疗机构将不能正常过性生活和生育困难的相应疾病告知对方，以便对方知情后再选择是否结婚，因此，若婚检机构在婚检出艾滋病后未告知伴侣对其造成损害的，应当承担一定的赔偿责任。但患者明知其有艾滋病而未告知伴侣仍然选择结婚并导致伴侣患病的，其主观恶意明显，应当承担主要赔偿责任。

【案例 6-1】未告知伴侣婚检结果致作出错误结婚选择案

2010 年 9 月，郭某与李某到保健所接受婚前医学检查。主要检查项目包括血缘关系、既往病史、现病史、既往婚育史、与遗传有关的家族史、家族近亲婚配、血压、精神状态、智力、五官、四肢脊柱、第二特征、生殖器、其他。李某检查结果为左侧精索静脉曲张三度。医学意见为，未发现医学上不宜结婚的情形。同日，郭某与李某登记结婚。婚后郭某发现李某患有性病无法共同生活，半年后，郭某起诉离婚，法院判决两人离婚。后郭某以保健所在李某婚前检查过程中已经发现其有生殖器官疾病，而没有履行告知义务，导致夫妻不能正常过性生活、二人离婚为由起诉至法院，要求保健所赔礼道歉，赔偿精神损失3万元。一审法院以李某所患阴茎珍珠状丘疹不属于性病、李某婚前并未患有属于法律禁止结婚或暂缓结婚的疾病为由驳回郭某诉讼请求。郭某不服，提出上诉，二审法院以郭某主张“保健所在检查李某婚前检查过程中已经发现其有生殖器官疾病，而没有履行告知义务，导致夫妻不能正常过性生活，使二人离婚”证据不足，驳回郭某诉讼请求。后郭某提出再审，在再审仍然驳回请求后又提出抗诉。高级人民法院在抗诉再审审理后认为：保健所对李某婚前医学检查后检查结果为患有左侧精索静脉曲张三度，该检查结果只写在李某的男性婚前医学检查表上，并未体现在李某的婚前医学检查证明上，因保健所只给受检人婚前医学检查证明，不给婚前医学检查表，故郭某无法了解到李某的婚检情况。在由省卫生厅统一印制的《男性婚前医学检查表》中明确载有受检双方签名栏，但保健所只让李某本人签名，郭某的签名栏由李某代签，致使郭某无法了解到李某的全面婚检结果。由于保健所未尽到其应承担的告知义务，侵犯了郭某对其婚姻相对方婚检结果的知情权，致使郭某遭受精神损害，保健所应承担相应的赔偿责任，判决保健所给付郭某精神损害抚慰金人民币5000元。

律师指引 婚前检查是指男女双方在办理结婚登记手续之前进行的常规体格检查和生殖器检查，是对男女双方可能患有的影响结婚和生育的疾病进行的医学检查，目的是诊断结婚双方是否患有禁止结婚的疾病。本案中保健所提出“之所以未让郭某签字，是对受检本人负责，是为了保护受检个人的隐私权”的抗辩理由，不符合准备结婚的男女双方为结婚目的而进行婚前医学检查的最终目的，故该抗辩理由不予采信。

77 接种疫苗后出现不良反应该怎么办?

接种疫苗后出现不良反应首先要区分是否是预防接种异常反应。预防接种异常反应，是指合格的疫苗在实施规范接种过程中或者实施规范接种后造成受种者机体组织器官、功能损害，相关各方均无过错的药品不良反应。国家实行预防接种异常反应补偿制度。实施接种过程中或者实施接种后出现受种者死亡、严重残疾、器官组织损伤等损害，属于预防接种异常反应或者不能排除的，应当给予补偿。接种免疫规划疫苗所需的补偿费用，由省、自治区、直辖市人民政府财政部门在预防接种经费中安排；接种非免疫规划疫苗所需的补偿费用，由相关疫苗上市许可持有人承担。

国家实行疫苗责任强制保险制度。疫苗上市许可持有人应当按照规定投保疫苗责任强制保险。因疫苗质量问题造成受种者损害的，保险公司在承保的责任限额内予以赔付。

疾病预防控制机构、接种单位因违反预防接种工作规范、免疫程序、疫苗使用指导原则、接种方案，造成受种者损害的，应当依法承担赔偿责任。

受种者有疫苗说明书规定的接种禁忌，在接种前受种者或者其监护人未如实提供受种者的健康状况和接种禁忌等情况，接种后受种者原有疾病急性复发或者病情加重的，接种单位和疫苗生产商不承担赔偿责任。但接种单位医疗卫生人员在接种前对受种者或者其监护人询问、告知不充分，或者未按照预防接种工作规范的要求检查受种者健康状况、核查接种禁忌的，应当承当相应赔偿责任。

受种者在接种时正处于某种疾病的潜伏期或者前驱期，接种后偶合发病的，依据侵权责任法第二十四条“受害人和行为人对损害的发生都没有过错的，可以根据实际情况，由双方分担损失”的规定，由法院酌情认定各方责任比例。

因疫苗本身特性引起的接种后一般反应或因心理因素发生的心因性反应无须赔偿。

【案例 6–2】接种疫苗异常反应案

许某在人民医院进行预防接种，按照其要求注射接种了武汉某生物制品公司生产的百白破疫苗，并口服了北京某生物制品公司生产的脊灰疫苗。接种后第五天早晨，许某开始出现全身出汗、眼球不动、瞳孔放大、失声、癫痫等身体异常状况。后送至多家医院进行抢救治疗。经该市预防接种异常反映诊断专家组诊断，确认本病例不排除预防接种异常反应。许某的伤情经某司法鉴定所鉴定认为：1. 许某伤残程度评定为二级；2. 后期康复训练治疗费用每年约需 80000 元，从鉴定之日起可计算至 12 年；其干细胞治疗费用由临床专家出具诊断证明确定；3. 护理依赖评定为一级。许某将人民医院、武汉某生物制品公司、北京某生物制品公司诉至法院，一审法院认为：许某在人民医院接种武汉某生物制品公司生产的百日破疫苗及服用北京某生物制品公司生产的脊灰疫苗后造成损害，因现有技术不能确定许某受到的损害与使用两公司生产的药品有因果关系，但人民医院和武汉某生物制品公司、北京某生物制品公司同为此次事故中的行为人，应共同分担许某在此次事故中的损失，并判定三被告分别按 20%、30%、30%的份额分担许某损失，分别赔偿许某13万元、20万元、20万元。二审法院维持一审判决。

➲ 律师指引　本案属于疫苗接种异常反应，许某已根据《疫苗流通和预防接种管理条例》的规定领取了30万元的补偿款，但不影响其依据《侵权责任法》要求接种单位及疫苗生产商承担人身损害赔偿责任。

【案例6-3】急救中不符合转诊条件转院治疗致死亡案

鲁某饮酒后不适，由同事拨打120抢救，某医院急救站接到电话后将鲁某送至该医院抢救，抢救十分钟后该医院因病情复杂，决定将鲁某转至上一级医院治疗，在该医院急救站急救车转院途中鲁某死亡。鲁某亲属委托某司法鉴定中心对鲁某死亡原因进行鉴定，鉴定意见为：鲁某符合因饮酒后呼吸道内异物（食物）吸入致呼吸、循环功能衰竭而死亡。鲁某的配偶及父母将某医院诉至法院，诉中经某司法鉴定中心鉴定认为：某医院在患者未满足转诊条件下给与转院治疗，对患者病情评估、转诊途中出现的风险预估不足，同时医方未对鲁某进行气道畅通保护措施，存在过错。鉴于鲁某自身醉酒状态、意识不清、有哮喘病史，病情较危重，某医院为二级乙等医院，抢救设备和救治能力有限，故认定医方过错行为与鲁某死亡后果为同等因素。法院依此认定医方对鲁某死亡损失承担50%的责任，赔偿鲁某亲属共计89万余元。

➲ 律师指引　病员转院，如估计途中有可能加重病情或死亡者，应留院处理，待病情稳定或危险期过后转院。较重病员转院时应派医护人员护送，病员转院时，应将病历摘要随病员转送过去。危重病员转院，应将其病情及治疗过程中所出现的一切情况向病员家属说明清楚。本案中由于急救医生抢救经验不足，在抢救没有效果的情形下慌忙作出转诊的决定，违反了医疗机构关于转诊规定的谨慎注意义务并造成患者在转诊途中死亡的损害后果，应当承担赔偿责任。

【案例 6–4】糖尿病酮症酸中毒误诊为胃肠炎致植物人案

患者徐某于 2012 年 5 月 21 日因呕吐由丈夫李某陪同前往某镇卫生院就诊，医生询问有无糖尿病史，患者答：无。医生诊断为：呕吐待查？胃肠道感染，癔症？医生给予胃腹安肌注、ORS 四盒，并给予 5% 葡萄糖注射液 100ml ＋奥美拉唑、5% 葡萄糖注射液 250ml ＋ VB60.2 ＋ 10% 氯化钾 10ml、葡萄糖注射液 100ml ＋头孢呋辛、5%GS250ml ＋氯化钾＋参麦共四组液体静脉滴注。后在输液过程中，徐某出现不适，李某将徐某送至某大学附属第一医院急诊，其经诊断为糖尿病、酮症酸中毒。在抢救过程中，徐某出现昏迷、心跳呼吸骤停的症状，病情危重。徐某 2012 年 6 月 15 日出院记录诊断为：糖尿病性酮症酸中毒、缺血缺氧性脑病、CPR 术后、呼吸衰竭、肺部感染。目前徐某为植物人状态。后徐某将某镇卫生院、某大学附属第一医院诉至法院，法院委托江苏省医学会鉴定，鉴定结论为：某镇卫生院未准确诊断徐某疾病，其以葡萄糖注射液加重了病情的进一步发展，使患者逐渐出现脑水肿、心力衰竭、心律失常等一系列并发症，承担 40% 的过错责任；某大学附属第一医院在急救中对脑水肿低温脑保护治疗不到位，承担 10% 的过错责任，二医疗机构分别赔偿患者 814699.24 元、221174.81 元。

➜ 律师指引　本案中患者就诊时并不知自己患有糖尿病，医生在接诊时已考虑到血糖问题，但并未进一步抽血查血糖，因疏忽大意将糖尿病酮症酸中毒误诊为肠胃炎并给予葡萄糖注射液静脉滴注，存在医疗过错并造成患者植物人状态的损害后果。另患者糖尿病酮症酸中毒临床表现隐匿，无特征性表现，给明确诊断造成一定的困难，故医方过错对患者损害后果承担同等责任。

【案例 6–5】未按规定出具处方、出售处方药，医疗机构、药店担责案

患者因头痛前往卫生院就诊，主治医生告知可用卡马西平片治疗，并出具纸条一张，载明："卡马西平片买 2 盒"。患者同日前往药店购买 2 瓶卡马西平片。十天后，患者服用药物后出现不适症状，前往市人民医院急诊，后因病情严重转诊至上海某医院，被诊断为史蒂文斯－约翰逊综合征，为卡马西平处方药药物不良反应。患者将卫生院、药店诉至法院，法院审理后认为：原告前往卫生院就诊，虽未有相应的病历资料，但主治医生告知原告可用卡马西平，并书写纸条让原告前往药店购买，出具购药纸条的行为应当被视为一种诊疗行为，且未有证据证实其已对原告履行了相应的告知义务或进行过专业预检确定原告可以适用该药物，诊疗过程中存在过错，应当对由此给原告造成的损害后果承担责任；被告药店在未有处方的情况下仅进行登记便将卡马西平出售给原告的行为不合规定，且其出售药瓶未附说明书，亦未能证明其已向原告交付说明书及进行注意事项的告知，故对原告遭受的损害亦应承担相应责任。一审法院判决卫生院、药店对患者损害分别承担 70%、30% 的责任。二审法院维持一审判决。

➡ 律师指引　处方，是指由医师（包括注册的执业医师和执业助理医师）在诊疗活动中为患者开具的、由药师（取得药学专业技术职务任职资格的药学专业技术人员）审核、调配、核对，并作为患者用

药凭证的医疗文书。处方包括医疗机构病区用药医嘱单。《处方管理办法》对处方权的取得、处方的书写、处方的出具、处方的调剂都有严格的规定，书写药品名称、剂量、规格、用法、用量要准确规范。本案“卡马西平”为处方药，卫生院医生在为患者出具处方药处方时仅出具了记载“卡马西平片买2盒”的纸条，未对患者一般情况、临床诊断进行记载，且未写明药品用法用量，违反了《处方管理办法》规定。依据《处方药与非处方药流通管理暂行规定》规定，处方药必须凭医师处方销售、购买和使用，零售药店对处方必须留存2年以上备查。依据《药品管理法》第五十八条规定：“药品经营企业零售药品应当准确无误，并正确说明用法、用量和注意事项。”因此，药店在销售处方药时不仅有对处方进行审核的义务，也有告知患者如何正确用药的义务。本案药店在没有处方的情形下销售处方药，出售药瓶未附说明书且未对患者进行如何正确用药的告知，违反了相关法律规定。

【案例6-6】体检漏诊案

陈某系公司高管，对身体保养非常重视，隔年就会到专业体检中心做全面的身体检查。2015年5月，陈某在某健康体检公司做了全套身体检查，其中腹部彩超医生诊断为双肾未见异常。一个月后陈某因腰部疼痛到医院检查，疑似肾出现肿瘤，后陈某至北京某医院确诊为左肾透明细胞癌，肿瘤大小4.5×4×3cm，后行左肾切除手术。因陈某肿瘤不可能是短期内形成，按其大小至少经过4年的生长，而陈某5年来连续三次在某健康体检公司做身体检查均未查出，故陈某认为该体检公司漏诊行为延误了陈某的疾病治疗，使得本可以保守治疗的疾病发展至切除左肾的人身损害后果，遂将该体检公司诉至法院。经某司法鉴定中心鉴定，鉴定意见为某体检公司体检诊断行为存在漏诊应承担70%的责任，陈某伤残程度为柒级。法院据此判决该体检中心赔偿陈某医疗费、护理费、住院伙食补助费、残疾赔偿金、精神抚慰金共计十八万余元。

➡ 律师指引　体检是指通过医学手段和方法对受检者进行身体检查，了解受检者健康状况，以发现疾病线索和健康隐患的诊疗行为。体检也是一种医疗行为，常见的体检医疗纠纷如下：1. 重大疾病未检出、造成漏诊或严重不良后果；2. 体检已查出有重大阳性结果，但未在第一时间告知，延误进一步检查或治疗时机；3. 检查结果已显示有某种疾病存在，但因未进行综合分析，漏诊了疾病的诊断；4. 体检报告错误。

第七章　医疗机构免责与抗辩事由

78 医疗机构法定的免责情形有哪些?

依据《民法典》第一千二百二十四条规定: 患者在诊疗活动中受到损害，有下列情形之一的，医疗机构不承担赔偿责任:

(一) 患者或者其近亲属不配合医疗机构进行符合诊疗规范的诊疗;

(二) 医务人员在抢救生命垂危的患者等紧急情况下已经尽到合理诊疗义务;

(三) 限于当时的医疗水平难以诊疗。

前款第一项情形中，医疗机构或者其医务人员也有过错的，应当承担相应的赔偿责任。

【案例 7–1】韦某未转诊死亡案

2017 年 4 月 27 日，韦某因反复咳嗽、气紧、食欲不振等症状到镇卫生院住院治疗。经过相关检查，韦某被诊断为:“1. COPD ; 2. 肺源性心脏病，心功能 III 级; 3. 食道癌? 由于病情危重，镇卫生院于 2017 年 4 月 28 日发出病危 (病重) 通知书，并发出转院告知书，要求患者转上级医院治疗。韦某的儿子莫某收到通知书、告知书后，表示不同意转院。韦某住院至2017年5月9日，由于医疗费用已达新农合控费上限，镇卫生院要求韦某出院，科主任查房后予以办理出院手续（实际上韦某并未离开该卫生院，仅办理了出院手续）。2017年5月10日8时10分，韦某再次在镇卫生院入院治疗，诊断结果与之前一致。2017年5月11日，镇卫生院再次发出病危（病重）通知书和转院告知书，要求韦某转院治疗，但韦某的儿子莫某仍然不同意转院。之后，韦某继续在该院住院治疗。2017年5月19日2时10分，韦某家属睡醒后，发现韦某呼之不应而要求医生检查。医生检查后，发现韦某已死亡，其家属于5月19日当天上午8时办理出院手续，并将尸体拉走。后韦某家属对韦某死亡原因提出质疑，并提出诉讼。诉讼中韦某家属、镇卫生院均认为对镇卫生院的诊疗行为是否存在过错没有必要作司法鉴定。一审法院审理后认为：韦某年事已高，反复咳嗽、气紧、进食困难，家属收到病危通知书、转院告知书后，不同意转上级医院治疗，因此导致韦某死亡，责任主要在韦某及其家属。镇卫生院作为专业医疗机构，明知韦某是病危病人，却未作任何护理记录，甚至在韦某死亡时也没有发现，待家属凌晨睡觉醒后呼之不应叫医生时，才发现韦某无呼吸、无心跳等症状，这与其医疗水平是不相适应的。据此，一审法院认定对于韦某的死亡，韦某家属承担90%的责任，镇卫生院承担10%的责任。二审法院维持一审判决。

➡ **律师指引**　此案中对于韦某的死亡，主要原因为家属不配合医疗机构及时转诊治疗，医疗机构诊疗护理行为也有不符合规范之处，在双方均有过错的情形下，按过错比例承担相应的赔偿责任。

79 住院患者离院后病情加重或死亡，医疗机构有没有责任？

住院患者之所以进行住院治疗，正是因为病情的需要，否则仅门诊治疗即可。从原则上来讲，住院患者是不允许离开医院的。对于患者在住院期间离院，医务人员需要尽到注意义务、劝阻义务以及告知义务。医务人员应当按医院管理制度及时巡查病房，以及早发现患者离院情形。对于欲请假离院的患者，即使其身体状况可以暂时离院，也应当先行劝阻，向其充分告知离院的风险，以及病情突发时的紧急救治方法，并签署劝阻住院患者外出告知书。对于请假外出的患者，未按照约定时间返回医院时，医务人员应及时与患者或其家属取得联系，无法联系上患者及患者家属的应当及时报警。

患者作为完全民事行为能力人有配合医疗机构进行诊疗的义务，若患者未告知医护人员擅自离院，或向医护人员请假未获准许后悄悄离院即表示其存在不配合治疗的行为，一旦在院外发生病情恶化，医疗机构可以引用《民法典》第一千二百二十四条规定的免责条款。但若医务人员没有尽到前述注意义务、劝阻义务以及告知义务，有可能对患者病情恶化的结果存在过错，需承担一定的赔偿责任。

80 怎样认定医疗机构应有的医疗水平？

依据《最高人民法院关于审理医疗损害责任纠纷案件适用法律若干问题的解释》第十六条规定："对医疗机构及其医务人员的过错，应当依据法律、行政法规、规章以及其他有关诊疗规范进行认定，可以综合考虑患者病情的紧急程度、患者个体差异、当地的医疗水平、医疗机构与医务人员资质等因素。”不同地区、不同级别的医疗机构，患者的个体差异对医疗机构的医疗水平都会产生影响，在认定医疗过错时，除了要考虑对医务人员基本要求的一般注意义务、对特定主体特殊要求的高度注意义务外，还必须考虑地域、病情紧急程度、患者自身体质、医疗条件、医疗水准等相关性因素，综合作出判断。

【案例 7–2】B 超检查未发现先天性心脏病案

2015 年 5 月 21 日，祝某到某医院检查，某医院为其出具了彩色超声波诊断报告单，该报告单“超声所见”中关于胎儿心脏描述为：四腔心可见，十字交叉存在，左右房室大小基本对称。2015 年 8 月 19 日，祝某待产入住该医院，于次日横位剖宫产一女婴赵某某。赵某某出生后被及时清理呼吸道，但哭声弱，1 分钟 Apgar 评分 6 分，抢救后 5 分钟 Apgar9 分，10 分钟 Apgar10 分，考虑新生儿存在窒息史，建议转上级医院进一步观察。2015 年 8 月 20 日，赵某某入住某市妇幼保健院，经该医院诊断为先天性心脏病、新生儿窒息、败血症、双肺感染等。2015 年 12 月 20 日，赵某某出院，并于当日死亡。祝某及赵某某之父赵某认为某医院对四维彩超的特殊检查未尽告知义务，侵犯了其知情权和优生优育选择权，并诉至法院。一审法院审理后认为：某医院侵犯了原告祝某的生育知情权及终止妊娠的选择权，针对因二原告女儿赵某某的错误出生给二原告增加的抚养孩子的额外费用包括医疗费、住院伙食补助费、营养费、护理费、交通费、精神损害抚慰金等应由某医院予以赔偿。二审法院审理后认为：从医学角度，B 超检查并不能检出所有的胎儿畸形及先天性心脏病，本案中死者赵某某非单腔心，由于先天性心脏病系在胚胎发育过程中，胎儿受到诸多因素的干扰而造成心脏的发育缺陷，为胎儿自身发育所致，并不是产前检查过程中医生的过失行为而造成，某医院通过常规B超检查未发现祝某的胎儿患有先天性心脏病不存在过错，且案涉的报告单正面下方有超声提示："您此次做的检查，是常规检查此项检查不能检出胎儿所有畸形……"，已经证明医院履行了相应的告知义务。二审法院裁判撤销一审判决，驳回赵某、祝某的诉讼请求。

律师指引 医务人员在医疗行为中的注意义务分一般注意义务和高度注意义务两种，其中高度注意义务是指对医务人员的具体要求，在不同的临床专业科室间其要求会有所不同。如关于产前B超检查分为四级，不同检查级别检查内容不同，对医疗机构、医务人员资质的要求也不同，对于检查医生相应的诊断义务、危害结果预见义务要求也显然不同。本案中，某医院尽到了与其医疗水平相对应的高度注意义务，故对难以避免的损害后果不承担赔偿责任。

81 什么是医疗意外？其与医疗损害的区别是什么？

医疗意外是指由于患者病情异常或者特殊体质而发生的医疗损害后果，因其损害后果的发生是由于患者自身体质异常或病情变化引起的，医护人员在诊疗行为中不存在过错，也无法靠其专业技能进行预见、防范和避免，故此种情形下医疗机构应当免责。

医疗损害是指对患者造成的事实性伤害，医疗意外则强调损害的发生并非医疗行为的主观预期。发生医疗意外一定发生了医疗损害，而发生医疗损害不一定是医疗意外，也有可能是医疗过错导致的医疗损害。

【案例 7–3】术后急性脑梗死医疗意外案

2012 年 9 月 6 日，顾某因“发热伴恶心呕吐”3 小时到某人民医院就诊，诊断为“胆总管结石、胆管炎”，收住该院消化内科。2012 年 9 月 9 日，顾某上腹部 CT 诊断报告为“胆总管下端结石继发胆道梗阻扩张”，于 2012 年 9 月 11 日行“ERCP 术”，术中出现十二指肠撕裂伤、全身皮下气肿及口角歪斜，经胸外科、肝胆外科会诊后，放置皮下引流条，予以胃肠减压，转 ICU 治疗。ICU 会诊后诊断为“胆管巨大结石，十二指肠降部憩室，十二指肠降部粘膜撕裂伤？消化道穿孔？”查胸片提示：右侧胸部及颈部软组织内气肿，纵隔气肿可能，告病危。2012 年 9 月 13 日，头颅 MRI 检查报告为：双侧额顶枕叶皮层区及左侧基底节区多发梗死灶可能，脑萎缩。经抢救治疗，顾某虽脱离了生命危险，但目前仍遗留半身不遂，大小便失禁，大脑神志不清等严重的神经系统后遗症，生活不能自理。顾某向法院起诉，认为被告医院手术操作失误导致原告发生十二指肠裂伤、全身多部位气肿及脑梗塞等严重损害后果。诉讼过程中，原告申请市医学会进行医疗损害鉴定，市医学会鉴定书确定原告消化道穿孔属于手术并发症，纵隔气肿、气胸、皮下气肿与消化道穿孔有关，急性脑梗死属于医疗意外，被告对原告的诊疗行为不违反治疗规范、常规。一审法院作出驳回原告诉讼请求判决。原告不服上诉，二审法院以原告授权委托书上没有其本人的签字、只有手印，事实不清为由发回重审。重审中，一审法院再次委托江苏省医学会进行鉴定。省医学会鉴定书认为：患者目前状况系脑梗死后遗症表现，专家鉴定组综合分析认为脑梗死的发生属于 ERCP 术不可预知的医疗意外，可能与患者自身高龄、基础疾病及常规手术存在关联性。该鉴定作出后，原告申请撤诉，后又重新起诉。再次起诉中，一、二审法院均依据两级医学会的鉴定意见作出驳回原告诉讼请求的判决。

律师指引 并非所有医疗行为引发的损害后果都可以以“病情异常或者特殊体质”为由进行免责，能够免责的医疗意外必须符合以下几点：

（1）医疗行为有明确适应症，为诊治病情所必须；

（2）医疗行为符合法律法规规章和诊疗护理规范常规要求；

（3）发生的损害后果是当时的医学科学技术无法预料也不能防范的。

若在发生医疗意外后，医疗机构在其后诊疗、救治行为中存在过错的，仍应按其过错大小对扩大的相应损害后果承担法律责任。

82 因不可抗力造成不良后果的情形指什么？

《民法典》第一百八十条规定：“因不可抗力不能履行民事义务的，不承担民事责任。法律另有规定的，依照其规定。”根据此法律规定，若因突发自然灾害（如台风、地震、洪水）、社会异常事件（如骚乱）、环境事故等给患者造成了损害，因该原因为医疗机构不能预见、不能避免且不能克服的客观情况，应属于法定免责情形。常见的不可抗力情形有急救车碰到恶劣天气、恶性事故没能及时到达现场等。

对于医院停电是否属于不可抗力需要根据不同情形进行认定，若是因自然灾害或人为破坏突然停电，导致医院没有预见、无法避免且不能克服的情形，构成不可抗力，可予以免责；若是提前收到电力部门停电通知、医院并非不能预见或因为医院供电设施不完善的原因造成，则对于相应的损害后果，医院难以免责。

【案例 7-4】因客观原因救护车未及时到达案

冯某与王某为冯某某父母，冯某某从小患有脑瘫。冯某与王某住在上海市浦东新区某房屋，该小区物业公司在小区部分道路上设置了隔离桩。2016 年 4 月某日 23 时许，冯某某在家中突发疾病，冯某立即拨打 120 求救。23 时 24 分 19 秒，120 救护车到达冯某所住小区的西大门。23 时 35 分 37 秒，120 救护车与冯某会合后即向冯某房屋方向行驶。因用于急救的轮床无法从冯某房屋前的石板小路上通过，救护车又选择了其他路线行驶，至离冯某房屋较近的隔离桩处停车，急救人员步行前往冯某家中。23 时 38 分 40 秒左右，120 急救人员到达原告家中，并对冯某某进行了抢救，但因抢救无效而死亡。医疗急救中心出具居民死亡医学证明书，冯某某直接死亡原因为脑瘫。

➜ 律师指引　本案事发当天，天气恶劣，一定程度上影响了救护车的行车速度，属客观原因，无法预见。因小区内道路设置的固定隔离桩使急救车不能及时到达患者家中进行抢救也是急救人员不能克服的困难，故对于患者的死亡急救中心应于免责。但小区物业作为物业管理者在选择隔离桩时，应当全面、充分考虑各种情况，应当预见到发生急救、火灾等紧急情况时，其设置的固定式隔离桩可能直接影响到救护车、消防车等特种车辆的快速通行，从而错失挽回一条生命的机会，甚至影响重大公共利益。其在小区路面上设置了固定的隔离桩具有一定的疏忽，对冯某某的死亡具有一定的民事责任。最终，法院判决物业公司赔偿冯某、王某 2 万元。

83 多年之后才发现权利被侵害，还能提起诉讼吗？

依据《民法典》第一百八十八条规定，医疗损害案件受害人身体受到伤害要求赔偿的，诉讼时效为三年，从患者损害结果出现、得知侵权事实存在、明确侵权人时开始计算。但是自权利受到损害之日起超过二十年的，人民法院不予保护。

患者的损害结果若伤害明显的，诉讼时效从受伤害之日起计算；受伤当时未曾发现，后经检查确诊并能证明是由医疗损害引起的从伤势确诊之日起算。实践中常发生的情形有：（一）患者在多年之后才知晓其所患疾病为先前医疗机构诊疗过错行为所致，则患者的诉讼时效从其得知医疗机构存在侵权行为之日起计算；（二）患者身体机能上的损害结果在多年之后才显现出来，则患者的诉讼时效从其损害后果实际显现后计算。前述两种情形下患者在诉讼时效内向法院起诉主张医疗机构赔偿责任的，医疗机构仍应向患者承担责任、赔偿损失。

当事人超过诉讼时效后起诉的，人民法院依然会受理。受理后，如另一方当事人提出诉讼时效抗辩且查明无中止、中断、延长事由的，判决驳回其诉讼请求。如果另一方当事人未提出诉讼时效抗辩，则视为其自动放弃该权利，法院不得依照职权主动适用诉讼时效，应当受理支持其诉讼请求。

【案例 7–5】超过诉讼时效被驳回诉讼请求案

2013 年 6 月，关某某前往某解放军医院门诊就诊，2013 年 7 月 2 日诊断为肝左叶肝癌、肝内胆管结石后入住该院肝胆科外科，于同年 7 月 4 日在全麻下行左半肝切除，原胆肠吻合口拆除重建术，7 月 6 日因术后腹腔出血急诊在全麻下行剖腹探查 + 腹腔血肿清除止血 + 胆肠吻合口拆除重新吻合术，8 月 5 日突然出现腹腔出血在局麻下行腹腔动脉造影 + 肠系膜上动脉分支加腹腔干分支栓塞术，8 月 6 日再次腹腔出血，急诊在局麻下行腹腔动脉造影 + 肝动脉分支及脾动脉栓塞术后，患者病情恶化，后抢救无效，宣布临床死亡。同日，关某某丈夫王某某在《尸体病理剖检知情同意书》上签字，表示不同意进行遗体剖检。某解放军医院出具的《死亡医学证明书》上记载关某某的死亡原因为失血性休克，多器官功能衰竭。2018 年 2 月，关某某的父母关某、梁某将某解放军医院诉至法院。一审法院经审理查明：关某某丈夫王某某明确表示不向某解放军医院主张任何权利，不参加本案诉讼；关某某与王某某婚后无子女。关某某母亲梁某于 2012 年 2 月 6 日起就是植物人，其监护人为关某。关某在关某某去世后，曾于 2013 年 8 月 9 日去医院向主刀医生张某某询问关某某死亡原因并要求调取病历，后再未与某解放军医院联系过。庭审中，某解放军医院就本案提出诉讼时效抗辩，一审法院对该抗辩意见予以采信，驳回关某、梁某诉讼请求。二审法院维持一审判决。

➡ 律师指引　本案中，关某某去世当天其爱人王某某打电话通知了关某，后关某赶到某解放军医院。故关某在 2013 年 8 月 6 日就已经知道侵权事实和损害后果的发生。梁某虽系无民事行为能力人，但关某作为其监护人，有权代其行使相关诉讼权利。因此，本案诉讼时效期间应当从 2013 年 8 月 6 日开始起算。《民法总则》自 2017 年 10 月 1 日施行，其施行前按《民法通则》规定：人身损害要求赔偿的诉讼时效期间为一年。按《最高人民法院关于适用 < 中华人民共和国民法总则 > 诉讼时效制度若干问题的解释》第三条规定："民法总则施行前，民法通则规定的二年或者一年诉讼时效期间已经届满，当事人主张适用民法总则关于三年诉讼时效期间规定的，人民法院不予支持。”因此，本案仍适用民法通则规定的一年的诉讼时效期间。法律关于诉讼时效制度的规定旨在敦促权利人积极地行使权利，同时亦是对权利人主张权利时间上的一种限制。超过诉讼时效期间起诉的权利人，就丧失了法律上的胜诉权。本案中，关某、梁某虽表示某解放军医院不向其提供关某某病历，且其无法找到王某某，故才在五年之后提起本案诉讼。但是否具备充分的证据、是否持有患者的医疗病历，并不是医疗损害责任纠纷案件起诉的要件，亦不构成该类纠纷原告提出权利主张的实质障碍。而王某某作为关某某的配偶，其是否向某解放军医院主张权利、是否提起本案诉讼，亦不会对关某、梁某的诉权造成影响和妨害。故法院在本案关某、梁某的起诉已经超过诉讼时效的情况下，虽然对其对于逝者的情感表示充分理解，但确无法支持其诉讼请求。

第八章　医疗技术损害以外的医疗纠纷类型

84 什么是医疗产品责任?

医疗产品责任，是指医疗机构在医疗过程中使用有缺陷的药品、消毒产品、医疗器械以及血液制品等医疗产品造成患者人身损害所需承担的责任。

依据《民法典》第一千二百二十三条规定:“因药品、消毒产品、医疗器械的缺陷，或者输入不合格的血液造成患者损害的，患者可以向药品上市许可持有人、生产者、血液提供机构请求赔偿，也可以向医疗机构请求赔偿。患者向医疗机构请求赔偿的，医疗机构赔偿后，有权向负有责任的药品上市许可持有人、生产者、血液提供机构追偿。”因此，患者因医疗产品造成损害，可以向医疗机构请求赔偿，也可以向该产品的生产者、销售者请求赔偿，或者将医疗机构和产品的生产者、销售者的列为共同被告。

医疗产品损害赔偿纠纷案件中，如果不能排除药品、消毒药剂、医疗器械无缺陷，医疗机构作为医疗器械的销售商，只要患者向医疗机构提出赔偿请求，就应承担产品质量责任。如果医疗机构没有过错并已尽到应尽注意义务，在向患者承担赔偿责任之后，可以向药品、消毒药剂、医疗器械生产者追偿，药品、消毒药剂、医疗器械生产者承担最终责任。

85 医疗产品责任举证责任怎么分配?

依据《最高人民法院关于审理医疗损害责任纠纷案件适用法律若干问题的解释》第七条的规定："患者依据侵权责任法第五十九条规定请求赔偿的，应当提交使用医疗产品或者输入血液、受到损害的证据。患者无法提交使用医疗产品或者输入血液与损害之间具有因果关系的证据，依法申请鉴定的，人民法院应予准许。医疗机构，医疗产品的生产者、销售者或者血液提供机构主张不承担责任的，应当对医疗产品不存在缺陷或者血液合格等抗辩事由承担举证证明责任。"医疗产品损害赔偿纠纷案件中，由患者对产品缺陷、损害事实及产品缺陷与损害事实之间存在着因果关系承担举证责任。其中，产品缺陷包括设计缺陷、质量缺陷、指示缺陷；设计缺陷是产品设计本身存在的缺陷；质量缺陷是指由于制造过程出现问题而产生的缺陷；指示缺陷是指生产商或销售商，没有提供真实完整、符合要求的产品使用说明和警示说明。

患者无法提交使用医疗产品与损害之间具有因果关系证据的，可以依法申请鉴定。如果由于植入的医疗器械在体内无法取出，无法进行科学的分析和鉴定，人民法院可以查明如下事实：首先，患者植入的医疗器械是否达到一般同类产品的使用年限，由此证明该医疗器械是否存在质量缺陷；其次，被告（生产者、销售者或医疗机构）能不能证明该医疗器械未达到一般同类产品的使用年限，是原告原因造成的。如果被告无法举证证明，即视为该医疗器械存在质量缺陷。

医疗机构需要证明其向患者提供的医疗产品来源合法、质量合格且在使用过程中无过错。

【案例 8–1】骨髓内钉断裂，医疗器械公司承担产品责任案

2012 年 3 月，谢某在工作过程中被重物砸伤左腿，当日，谢某被送往某医院骨外科治疗，入院诊断为左股骨干粉碎性骨折、左大腿软组织挫伤，行“左股骨切开复位内固定 + 同种异体骨植骨”手术，为谢某左大腿植入股骨髓内钉固定骨折端，导向器引导下植入髓内钉远端锁钉 2 枚、近端锁钉 1 枚。9 个月后，谢某前往该医院复查显示：左股骨骨折髓内钉固定术后改变，下段第二颗螺钉少许退出。后医院为谢某实施“左股骨内固定取出 + 植骨术”。2013 年 10 月，谢某再次前往该医院治疗，经 X 线检查显示：左股骨多发粉碎性骨折髓内针固定、内固定物断裂，左股骨上段骨折未愈合。医院为谢某实施“左股骨骨折髓内针断裂髓内针取出 + 残端修整 + 钢板内固定 + 取髂骨同种异体骨植骨术”。2015 年 11 月，谢某再次前往该医院复查，X 射线复查显示：左股骨骨折术后改变，骨折已愈合。医院为谢某实施“左股骨骨折内固定取出 + 植骨术”。2017 年初，谢某脱拐恢复独立行走。2017 年 10 月，谢某前往省第二人民医院复查，经诊断后发现，其左下肢较右下肢缩短约 2.8 厘米。后谢某将某医院、某骨科器械公司诉至法院。一审中，经法院委托鉴定，某司法鉴定中心鉴定意见为谢某左下肢短缩畸形是由于髓内钉断裂所致。一审法院审理后认为：某医院在为谢某实施手术中使用了骨科器械公司生产的涉案髓内钉，上述手术实施完后 9 个月左右即发生髓内钉下段第二颗螺钉少许退出情形，

经该院手术后取出内固定螺丝，又在不到一年的时间里又发生髓内钉断裂的情况，且涉案髓内钉断裂情形发生在该髓内钉有效期内。虽然骨科器械公司提供了本案髓内钉相关合格证明，但该证据不能代表所植入谢某体内的特定髓内钉不存在质量缺陷，且某医院、骨科器械公司亦未提供有效的证据证明涉案髓内钉的断裂系谢某自身原因所致，故推定涉案髓内钉存在危及谢某人身安全的不合理的危险，并判决骨科器械公司赔偿谢某二十多万元。后骨科器械公司上诉，二审法院审理后维持一审判决。

律师指引 1. 关于责任承担者。本案谢某因髓内钉医疗产品造成损害，可以向医院请求赔偿，也可以向该产品的生产者、销售者请求赔偿。谢某未提供相应的证据证明医院在治疗过程中存在过错诊疗行为，故谢某因涉案缺陷产品遭受的损害由骨科器械公司承担。2. 关于举证责任。本案中，关于损害事实谢某已提供相关病历资料予以证明。3. 关于因果关系。谢某申请依法鉴定，鉴定结论为其左下肢短缩畸形是由于髓内钉断裂所致，此证据已可以证明谢某因使用涉案医疗产品受到损害。涉案髓内钉产品使用年限为4年，谢某在使用9个月后即发生髓内钉下段第二颗螺丝少许退出情形，经医院手术后取出内固定螺丝，8个月后，又发生髓内钉断裂事故，由此初步认定该髓内钉存在质量缺陷。谢某完成初步举证责任后，应由骨科器械公司对其髓内钉产品不存在缺陷承担举证证明责任。尽管骨科器械公司提供了医疗器械生产企业许可证、医疗器械注册证、医疗器械产品生产制造认可表及附表、国家食品药品监督管理局查询资料、钛产品质量证明、原材料检验报告、生产工序流转卡、检验报告、合格证等一系列证据可以证明其具备合法的生产资质，相应的医疗产品经出厂抽样检验质量合格，涉案髓内钉符合强制性标准，但对其主张髓内钉在有效期内断裂是谢某自身使用原因造成的并未提供相应的证据予以佐证，故应承担举证不能的不利后果，故法院最终认定涉案髓内钉存在质量缺陷，骨科器械公司应对谢某人身损害承担赔偿责任。

86 医疗产品责任惩罚性赔偿是什么？

惩罚性损害赔偿是指加害人所要承担的损害赔偿数额超过受害者实际损害数额，在补偿受害人损害的基础上，彰显对加害人进行惩罚的制度。与补偿性损害赔偿相比较，惩罚性赔偿是由赔偿和惩罚所组成的，主要是针对不法性和道德上应受谴责的行为而适用的，是对恶意的不法行为实施惩罚。依据《民法典》第一千二百零七条规定：“明知产品存在缺陷仍然生产、销售，或者没有依据前条规定采取有效补救措施，造成他人死亡或者健康严重损害的，被侵权人有权请求相应的惩罚性赔偿。”、《最高人民法院关于审理医疗损害责任纠纷案件适用法律若干问题的解释》第二十三条规定：“医疗产品的生产者、销售者明知医疗产品存在缺陷仍然生产、销售，造成患者死亡或者健康严重损害，被侵权人请求生产者、销售者赔偿损失及二倍以下惩罚性赔偿的，人民法院应予支持。”医疗产品事关人民群众的生命健康，在医疗产品责任纠纷中也适用惩罚性赔偿规定。

适用惩罚性赔偿的条件有：第一，侵权人具有主观故意，即明知是缺陷产品仍然生产或者销售；第二，要有损害事实，这种损害事实不是一般的损害事实，而应当是造成严重损害的事实，即造成他人死亡或者健康受到严重损害；第三，要有因果关系，即被侵权人的死亡或者健康严重受损害是因为侵权人生产或者销售的缺陷产品造成的。

87 血液是不是医疗产品?

我国《献血法》实行无偿献血制度，并规定无偿献血的血液必须用于临床，不得买卖。血站、医疗机构不得将无偿献血的血液出售给单采血浆站或者血液制品生产单位。因此，血液不是商品，也不属于医疗产品。将血液加工后得到的血液制品属于生物制品，属于药品范畴。患者临床用血所交的费用是血液的采集、储存、分离、检验等费用，并非血液费用。血液本身没有价格。

虽然血液不是医疗产品，但因输入不合格血液发生损害的，参照医疗产品，适用无过错责任原则。

88 因输入血液发生医疗纠纷的，各方就什么内容承担举证责任?

因输入血液发生医疗纠纷的，患者需要提交输入血液、受到损害的证据。患者无法提交输入血液与损害之间具有因果关系的证据，可依法申请鉴定。

医疗机构需要证明的内容有：1. 确保患者有输血指征；2. 确保血液来源合法；3. 经过交叉配血；4. 取血时进行相应查对；5. 输血过程符合诊疗规范，采血器、输血器是合格产品。

血液提供机构需要证明其对涉案血液的采集、检验、储存及发血过程符合法律规定。

输入不合格血液赔偿责任案件参照医疗产品案件审理。

89 什么是无过错输血？无过错输血时损害责任怎么承担？

无过错输血是指患者使用经血液提供机构检验合格的血液后仍然发生了经血液传播的疾病，在这种输血感染的案件中，患者与医疗机构、血液提供机构均无过错。无过错输血损害大多由“窗口期”造成，“窗口期”即人体感染病毒后，处于潜伏期尚未发病时，已处于病毒血症但无临床症状，且以现阶段医疗技术水平尚无法查出该病毒抗体的这段时间。窗口期是国际上普遍面临的技术难题，目前尚未完全攻克。在无过错输血案件中，一般出于公平责任原则，由法官根据各方的经济能力和实际情况对患者的损害后果予以分担。

【案例 8-2】肖某无过错输血案

2017 年 5 月，肖某因交通事故受伤入住医院治疗，入院后多次予以输血、输入白蛋白、抗炎、营养神经等治疗。次日检查丙型 ×× 病毒抗体 IgG0.100。后肖某继续进行治疗。两个月后复查肝功能提示谷丙转氨酶 198U/L、丙谷转氨酶 88U/L，予以保肝、降酶等对症处理，转氨酶未见明显下降。2017 年 8 月 16 日行 ×× 免疫检查，显示丙型 ×× 病毒抗体 Ig28.190。肖某就其住院期间感染丙型 ×× 病毒一事将医院起诉至法院。一审法院委托医学会进行医疗损害鉴定，专家分析意见为：丙型 ×× 传播途径有血液及体液传播、性传播、母婴传播等途径。患者输血前丙型 ×× 病毒抗体 IgG0.100（阴性），输血后 2 月余出现肝功能异常，后复查丙型 ×× 病毒抗体及并行 ×× 病毒 RNA 均为阳性，与输血存在因果关系，其原因力大小为完全因素。诉讼中医院申请追加血液中心为共同被告。血液中心未参与以上医疗损害鉴定程序，对市医学会作出的鉴定意见不予认可，认为不能排除系由原告自身造成或手术交叉感染、输入人血白蛋白等因素造成感染丙型××病毒。针对此异议，一审法院向医学会发函询问。医学会回函：根据现有鉴定资料记载，无感染丙型病毒性××的其他证据，考虑患者感染丙型××病毒与输血行为有关，虽然患者住院期间多次输入人血白蛋白，但输血仍是感染××病毒的主要途径。后血液中心申请对其采供血行为是否存在过错及该过错与患者感染××的损害后果是否存在因果关系及原因力大小、患者感染××的损害后果与某医院的医疗护理行为是否有因果关系及原因力大小进行鉴定。某司法鉴定中心鉴定后认为：医院诊疗行为符合相关规定，血液中心采集的血液检测结果显示提供的血液属于合格产品，血液中心采供血行为符合法律法规和相关技术规定。限于目前检测技术的局限性，不能完全排除患者或献血者处于病毒感染后的“窗口期”。患者感染丙型××病毒首先考虑属于无过错输血感染，输血为完全原因。因原告仅要求被告医院承担赔偿责任，不要求被告血液中心承担连带赔偿责任，一审法院判决医院对患者进行赔偿。二审法院维持一审判决。

律师指引 在因输血造成损害的案件中，患者输血后所得疾病其传播途径一般不止血液传播一种途径，患者应尽可能搜集排除其他传播途径的证据。

90 医疗服务合同与其他合同相比有哪些特征？

医疗服务合同中，医方主要的义务是提供医疗服务，患方主要的义务是支付医疗费用、配合治疗，双方意思表示一致，合同即可成立，不需要特定的合同形式。因医疗行为具有专门性、复杂性、侵袭性、高风险性等特征，故对提供医疗服务的主体具有严格的资格限制，医方在提供医疗服务过程中应尊重患者的知情权、决定权。因医疗行为的公益性特征，医方具有“强制缔约义务”，即医方对于患者请求诊疗的要约，无正当理由不得拒绝。

91 常见的医疗服务合同有哪几种类型?

常见的医疗服务合同类型有:（一）一般医疗服务合同，即以疾病的诊断治疗为目的的合同，如门诊、急诊、住院医疗服务;（二）健康检查合同;（三）实验性医疗服务合同;（四）以诊疗外围、增值服务为内容的合同，如整形手术、变性手术、非治疗性堕胎手术等。

【案例 8–3】因使用自费药物发生医疗服务合同纠纷案

2017 年 6 月 13 日，蔡某因身体不适到人民医院治疗，经诊断后，收入消化内科治疗，3 天后转至肝胆甲乳外科。蔡某入院诊断为腹痛查因：胆石症？ 2017 年 6 月 13 日行彩超显示：肝内胆管稍扩张，胆囊稍大，胆囊结石并胆泥淤积。2017 年 6 月 17 日行 CT 显示：胆囊增大、胆囊结石、胆总管上段结石。保守治疗效果差，于 2017 年 6 月 21 日行胆囊切除术、胆总管切除取石术、“T”管引流术、腹腔冲洗引流术。因治疗蔡某病症需要，人民医院对蔡某使用注射用骨肽、复方曲肽注射液、注射用生长抑素三种自费药品共计 3107.08 元。人民医院在使用自费药时没有及时告知，导致蔡某在出院结算后才得知使用了自费药品。蔡某认为人民医院使用自费药、多收费、超量用药构成欺诈行为，将其诉至法院，要求按照《消费者权益保护法》规定以三倍自药费价格（9320.94 元）予以赔偿。法院审理后认为：人民医院虽没有证据证明该院在使用自费药时履行了告知义务，但因蔡某没有提供证据证明人民法院医院使用的三种自费药与蔡某的治疗无关，人民医院已经为蔡某治愈了疾病，故医院没有及时履行告知义务不能作为认定人民医院在主观上存在欺骗故意的依据。另：人民医院、蔡某不属于《消费者权益保护法》中所指的“消费者”、“经营者”，本案不适用《消费者权益保护法》的规定，故驳回蔡某主张三倍赔偿的诉讼请求。另关于蔡某主张人民医院赔偿精神损失费的问题，本案是医疗服务合同纠纷，属于合同纠纷，并不是侵权纠纷。根据《最高人民法院关于确定民事侵权精神损害赔偿责任若干问题的解释》第一条、第八条的规定，因侵权致人精神损害造成严重后果可以请求赔偿相应的精神损害抚慰金。但本案不属于侵权纠纷，蔡某主张赔偿精神损失费于法无据，不予支持。二审法院维持一审判决。

律师指引 医疗服务合同是由医疗机构提供医疗服务，患者支付医疗费的合同。患者对其在诊疗期间须由个人负担的药品、诊疗项目、医用材料、特需服务等费用有知情权，医疗机构在对患者使用自费药品时应征求患者意见，若存在急救、抢救的情形可以先用药后告知。本案中，虽然患者在使用自费药后病情恢复，身体并没有不适反应，但不能因此剥夺患者使用自费药的知情权。

92 患者隐私权主要包含哪些内容？

可作为患者隐私权予以保护的内容有：（一）身体秘密，指身体隐秘部位（生殖器官和性敏感器官）、身高、体重、健康状况、身体缺陷等；（二）私人空间，即个人住宅及周围居住环境、私人专用箱包、日记等；（三）个人事实，指个人生活经历、生活习惯、性格爱好、社会关系、学历、婚恋状况、家庭住址、电话、收入情况等；（四）私人生活，指一切与社会无关的个人生活，如日常生活、社交、性生活等。

患者隐私权权利内容有：（一）隐私隐瞒权，如对身体隐秘部位的保密权，对个人身高、体重、女性三围、病历、生活经历、财产状况、身体缺陷、健康状况、婚恋、家庭、性生活、社会关系、信仰、心理特征等情报信息的保密权。未经许可，任何人不得刺探、公开和传播；（二）隐私利用权，即公民对个人隐私进行积极利用，以满足自己精神、物质方面的需要；这种利用权的内容，是自己的自我利用，而不是他人利用；（三）隐私维护权，公民对自己的隐私享有维护其不受侵犯的权利，在受到非法侵害时可以依法寻求司法保护；（四）隐私支配权，公民对于个人隐私有权按照自己的意愿进行支配，可以公开部分隐私，准许他人对个人活动和个人领域进行察知，准许他人利用自己的隐私。例如，患者在诊疗过程中，准许医务人员检查身体隐秘部位，了解个人经历、生活习惯，以便于疾病的诊疗等。

93 患者隐私权有哪些限制？

隐私权的保护需要平衡患者与医疗机构及其医务人员、公共利益、他人合法利益的关系。诊疗行为中，医务人员为了明确患者的病情，有权了解患者的病情起因、身体现状、生活习惯，以及有无不良行为、既往病史、家族史、遗传史等，此时患者应积极配合，而不应过分强调其隐私权。这是医务人员知情权对患者隐私权的限制。医护人员询问患者隐私时应以有利于其开展诊疗活动所必要的信息资料为限。对于患者存疑的，医务人员应向患者说明询问的目的。

如果隐私的内容有可能伤害到患者亲属或者关系密切的第三人的根本利益，则第三方应有权知情。例如，患者因宫颈癌到医院治疗，手术后出现入睡困难症状，经医生追问病史，患者诉其曾有躁狂型精神分裂症病史。患者以维护家庭和睦为由要求医生对其家属及单位保密。但根据患者病情严重程度，此病史极有可能损害患者家属的生命健康权，此种情形下，患者的隐私权应当让渡于生命健康权，医务人员没有帮患者隐瞒病情的义务。《最高人民法院关于审理名誉权案件若干问题的解释》也明确指出，医疗卫生单位的工作人员擅自公开患者患有淋病、梅毒、麻风病、艾滋病等病情，致使患者名誉受到损害的，应当认定为侵害患者名誉权。医疗卫生单位向患者或其家属通报病情，不应当认定为侵害患者名誉权。

再有，如果患者所患疾病为传染性强、易损害公共利益的疾病，如新型冠状病毒感染、非典等传染病，则个人利益应当适度让渡于公共利益，以保护大多数人的公共利益。但对公共利益的保护程度也不能过分扩张，此时对患者的病情既需要掌握信息，又需要控制信息的流动。

【案例8–4】将患者手术视频刻成光盘并予以出售侵犯患者隐私案

方某于2006年因混合痔、肛裂在肛肠医院住院治疗。2012年方某家人在上网时发现方某在肛肠医院就医的部分病历信息被人制作成光盘在网上发布出售信息。方某从网上购买了这套名称为“移动医学院卫生部试听教程大量实践技能手术资料1000g移动硬盘”的手术类视频光盘，其中有方某在肛肠医院就医的部分病历。因肛肠医院的侵权行为给方某造成了一定的精神压力，方某将其诉至法院。法院审理后认为：方某在肛肠医院就诊后，肛肠医院即负有根据相关法律、行政法规及行业规定的要求，对方某的病历进行严格管理、保存、保密之义务，但肛肠医院未尽上述义务，致使方某病历外泄，肛肠医院存在过错。肛肠医院的行为对方某的隐私权构成侵害，并致使方某遭受精神损害，应对其侵权行为承担相应的法律责任。一审法院判决肛肠医院赔偿方某精神抚慰金一万二千元，二审法院维持一审判决。

➜ 律师指引　根据《医疗机构病历管理规定》第十五条规定："除为患者提供诊疗服务的医务人员，以及经卫生计生行政部门、中医药管理部门或者医疗机构授权的负责病案管理、医疗管理的部门或者人员外，其他任何机构和个人不得擅自查阅患者病历。"第十六条规定："其他医疗机构及医务人员因科研、教学需要查阅、借阅病历的，应当向患者就诊医疗机构提出申请，经同意并办理相应手续后方可查阅、借阅。查阅后应当立即归还，借阅病历应当在3个工作日内归还。查阅的病历资料不得带离患者就诊医疗机构。"第六条规定："医疗机构及其医务人员应当严格保护患者隐私，禁止以非医疗、教学、研究目的泄露患者的病历资料。"本案中因肛肠医院未严格管理病历，造成患者病历泄露且他人利用患者病历进行谋利的后果，损害了患者的隐私权，应当承担赔偿责任。

94 侵犯患者名誉权应如何认定?

名誉就是公民、法人的名望和声誉，即公民或法人的品德、才干、信誉等在社会中所获得的社会评价。名誉侵权的表现形式有侮辱、诽谤、泄露他人隐私等。认定侵犯患者名誉权需要有以下特征。首先，名誉侵权的被侵害人是特定的人。有些情形下，侵犯名誉权的行为并不指名道姓，但只要所指向的对象在是特定环境、特定条件下的具体的人，同样可以构成对他人名誉权的侵害。其次，名誉侵权的行为人主观上有过错，包括故意和过失。如医疗机构未经患者同意，无意中公布了其患有淋病、梅毒、麻风病或艾滋病等病情，致使患者名誉受到损害的，此行为虽非医疗机构故意为之，也构成对患者名誉权的侵害。再次，在客观方面具有明显损害他人名誉的事实。在判断名誉侵权时，陈述内容是否虚假并不是必要条件，即便说的是事实也可能构成侵犯名誉权，比如，为毁坏他人名誉而揭他人隐私。对他人的批评、评论，主要内容失实，损害其名誉的，应当认定为侵害名誉权；内容基本属实，没有侮辱内容的，不应当认定为侵害其名誉权。最后，侵权行为在客观上造成了对他人名誉毁损的损害后果。由于侵害名誉权行为的发生，使被侵害公民感觉到一种不公正的社会压力或心理负担，精神上受到折磨，心理上遭受创伤。如果一般的辱骂行为不足以影响对方名誉、未造成严重后果的，一般不构成侵害名誉权。

【案例 8-5】单位私自办理残疾证致当事人名誉受损案

李某在妇幼保健院办公室工作。李某曾因失恋思虑过多诱发精神异常，在 × 医院入院治疗 5 天，被诊断为情感性精神障碍。后因做眼睛手术使用“泼尼松”激素药品，导致病情复发在人民医院进行了门诊治疗，经治疗后恢复正常。2005 年李某因婚姻感情纠纷导致病情复发，再次在人民医院住院治疗，一个月后出院。出院时情况：无感知觉，思维障碍，情感协调，无意志行为障碍，自主能力已恢复，疗效显进。

出院后，李某回到妇幼保健院处在原工作岗位继续工作。2014 年，妇幼保健院工作人员打电话给李某哥哥，称李某的残疾证要换照片，李某方知其被办理了残疾证。后查明：2005 年李某出院后不久，妇幼保健院在李某及其近亲属不知情的情况下，为了给李某办理残疾人证，擅自单方委托人民医院的精神疾病医学鉴定小组对李某做精神医学鉴定。人民医院的精神疾病鉴定组在未通知李某及知情人到场，未对李某进行检查、未对相关知情人进行调查的情况下，对李某做精神残疾鉴定，并于当日作出《精神残疾鉴定书》(加盖人民医院精神疾病鉴定组公章)，其鉴定结论为：1. 情感型精神障碍（躁狂发作）；2. 精神残疾等级为中度。妇幼保健院收到该《精神残疾鉴定书》后，用于给李某办理了残疾证，但并未将残疾证交给李某。李某认为妇幼保健院、人民医院侵犯了其名誉权，将二者诉至法院。法院审理中查明：人民医院的精神疾病鉴定组不具有司法鉴定资格。一审法院审理后认为：妇幼保健院不具备对李某进行精神疾病医学鉴定的资格，人民医院作出的《精神残疾鉴定书》不符合法律规定。《精神残疾鉴定书》作出后，用于给原告办理了残疾证，导致相关的经办人、居委会工作人员及残联工作人员等均认为原告是精神残疾人员，且持续时间长达十年之久。虽然他人不会对原告直接进行询问，但背后的议论不可避免，原告本来就是曾经患过精神疾病的人员，且注重外表，二被告的行为给原告造成了一定的精神损害，应当对原告进行适当、合理的赔偿。一审法院判决妇幼保健院、人民医院对李某精神损害赔偿 3 万元，二审判决维持一审关于精神损害赔偿的判决。

➲ 律师指引　当今社会，精神疾病已成为常见病和多发病，精神病患者已成为一个庞大的群体。但目前很多人对精神疾病的了解和重视程度远远不够，甚至缺乏起码的常识，很容易出现侵犯患者人格尊严的情况。对精神病患者的歧视，很容易使已饱受精神病折磨的患者再次患病。本案中，妇幼保健院作为李某工作单位、人民医院作为李某就诊医疗机构，有诸多违法行为，分述如下：

关于李某就医记录泄露问题。依据我国《民法典》第一千二百二十六条规定："医疗机构及其医务人员应当对患者的隐私和个人信息保密。泄露患者隐私和个人信息，或者未经患者同意公开其病历资料的，应当承担侵权责任。"本案中，李某曾经患有精神疾病的事实和相关就医记录、病情属个人隐私，其个人隐私受法律保护。妇幼保健院违背李某意愿，非因法定事由、未经法定程序而委托人民医院对其精神疾病进行鉴定并出具精神残疾鉴定书、擅自为其办理精神残疾证，人民医院非因法定事由、未经法定程序而接受妇幼保健院的委托并出具李某构成精神残疾的《精神残疾鉴定书》，导致李某曾经患有精神疾病的个人隐私为他人知晓构成对李某隐私权的侵犯。因该侵权行为使得李某被认为其仍有精神残疾，致其社会评价降低、名誉受损，构成对李某名誉权的侵犯。

妇幼保健院是否有资格对李某进行精神疾病鉴定。依据《中华人民共和国精神卫生法》（以下简称《精神卫生法》）第二十七条规定："精神障碍的诊断应当以精神健康状况为依据。除法律另有规定外，不得违背本人意志进行确定其是否患有精神障碍的医学检查。"第二十八条规定："除个人自行到医疗机构进行精神障碍诊断外，疑似精神障碍患者的近亲属可以将其送往医疗机构进行精神障碍诊断。对查找不到近亲属的流浪乞讨疑似精神障碍患者，由当地民政等有关部门按照职责分工，帮助送往医疗机构进行精神障碍诊断。疑似精神障碍患者发生伤害自身、危害他人安全的行为，或者有伤害自身、危害他人安全的危险的，其近亲属、所在单位、当地公安机关应当立即采取措施予以制止，并将其送往医疗机构进行精神障碍诊断。”本案妇幼保健院作为李某工作单位，不具有对李某进行精神疾病鉴定的委托资格，仅有在李某有发生伤害自身、危害他人安全的行为或相应危险时有将李某送往医疗机构进行紧急救治的权利。本案中，在妇幼保健院委托对李某进行精神疾病鉴定时李某刚从人民医院治疗结束，且根据人民医院的出院记录已恢复正常，显然不具有法定的紧急强制就医情形。

人民医院鉴定相关问题。依据《精神卫生法》第三十三条规定：“鉴定人应当到收治精神障碍患者的医疗机构面见、询问患者，该医疗机构应当予以配合。”本案中妇幼保健院仅向人民医院出具了《委托鉴定书》，说明鉴定的要求和目的，并未提供法律规定的其他材料。人民医院的精神疾病鉴定组在委托人不符合法律规定，委托材料不齐全的情况下仍进行鉴定，且在被鉴定人未到场的情况下，在《精神残疾鉴定书》中记录了对被鉴定人进行的体格检查、精神检查，其出具的《精神残疾鉴定书》没有鉴定人员签名，加盖公章不是具备法律效力的鉴定专用章，无有关医疗或监护的建议。被告人民医院作出的《精神残疾鉴定书》不符合法律规定。

95　肖像权包含哪些内容?

肖像以人的面部特征为主要内容，但并不局限与此。凡足以呈现个人外部形象者，均应包括在内。除容貌外，其他身体特征，如姿态、体格、嗓音、特殊发型、局部身体部位等，或身体外部特征，如服饰、装扮等都可能因其可识别于具体之人而成为肖像权保护的内容。虽然没有直接使用肖像权人的清晰面容，但借助其他环境因素仍可被社会一般人识别为肖像权人的情形也可以被认定侵犯肖像权。除了通过绘画、照相、雕塑、录像、电影艺术等形式使公民外貌在物质载体上再现的视觉形象外，能反映出具有可识别性的自然人形象的网络卡通形象也可作为肖像权保护对象。此外，丑化他人肖像的也可构成侵犯肖像权。

公民死亡后，其肖像权应依法保护。任何污损、丑化或擅自以营利为目的使用死者肖像构成侵权的，死者的近亲属有权向人民法院提起诉讼。

【案例 8–6】擅自使用冯小刚照片进行宣传致承担赔偿责任案

某医院于 2017 年在其微信公众号上发表两篇文章，文章中显示有“冯小刚患有白癜风，众人皆知，于是，很多患者都会这样认为，你看，冯小刚这么有钱他都没治好，白癜风肯定治不好的”“看到没，不是白斑治不好！是冯导不愿意治！今天，小编本着科学的态度，为您揭秘冯小刚治不好白癜风的真正原因”“健康通道”“点这里专家一对一咨询”等字样。两篇文章各使用冯小刚不同照片 8 张。冯小刚委托律师对该医院进行起诉，法院审理后认为：该医院在未经冯小刚授权的情形下使用其照片，且公众号内有营销和推广内容，侵犯了冯小刚的肖像权，应承担相应责任。虽然冯小刚患白癜风一事属实，但任何人患有疾病都已给自身带来不良感受，将本人肖像用于与其疾病相关的宣传，置于惹人注目的地方并不符合社会人的通常做法。某医院此种使用肖像的行为必会使冯小刚本人不良感受加深，故该医院的侵权行为亦侵犯了冯小刚肖像权之精神利益，应当予以精神赔偿。法院判决：某医院在其微信公众号内对冯小刚赔礼道歉 3 天，并赔偿冯小刚经济损失 60000 元、精神损害抚慰金 2000 元。

96 生活美容和医疗美容有什么区别?

美容分为生活美容和医疗美容两种。生活美容，是指运用手法技术、器械设备并借助化妆、美容护肤等产品，为消费者提供人体表面无创伤性、非侵入性的皮肤清洁、皮肤保养、化妆修饰等服务的行为。医疗美容，是指运用手术、药物、医疗器械以及其他具有创伤性或者侵入性的医学技术方法对人的容貌和人体各部位形态进行的修复与再塑。医疗美容和生活美容是两类不同性质的美容，在技术标准和管理上都有不同要求。生活美容使用的是化妆品、保健品和非医疗器械手段，常见项目有皮肤护理、保健按摩、足疗等。医疗美容使用的是各类药物和医疗器械，常见的纹眉、纹眼线、纹身、注射美容、隆胸、针灸减肥、抽脂瘦身等均属于医疗美容范畴。

医疗美容服务必须遵循《中华人民共和国医师法》《医疗机构管理条例》，执行《医疗机构基本标准（试行）》，在经过卫生行政部门执业登记、领取《医疗机构执业许可证》后方可开展，并接受卫生行政部门的监督管理。未取得《医疗机构执业许可证》便开展医疗美容项目的美容机构，为非法行医。

97 因美容发生损害该怎么维权?

因美容发生身体损害首先要明确该美容活动属于医疗美容还是生活美容服务项目。有医疗机构资质的美容机构在其核定的诊疗项目范围内实施的医疗美容行为造成患者损害的，按照医疗损害责任进行索赔。

无医疗机构资质的美容机构实施医疗美容项目，构成非法行医，按一般人身损害责任进行索赔。因生活美容项目造成人身损害的，按一般人身损害责任进行索赔。美容机构有欺诈行为的，可以依据《消费者权益保护法》要求惩罚性赔偿。

【案例 8–7】吴某美容致面部烧伤案

吴某因面临大学毕业实习、面试及找工作问题，为容貌状态更好，于 2019 年 6 月在某医美 APP 平台购买某美容工作室射频紧肤项目，支付美容费 467 元，后到该美容工作室做所购项目。店内工作人员使用仪器进行操作，期间吴某感觉疼痛，被告知属于正常反应。吴某当日回家后按照美容工作室要求敷面膜，第二天面部多处起水泡、结痂。吴某到某医科大学附属医院就诊，诊断为激光术后皮肤不平整。吴某将美容工作室诉至法院，诉讼中吴某就是否需要后续治疗及费用申请司法鉴定，鉴定意见为吴某做射频紧肤项目时致面部皮肤受损，伤后经治医院诊断为面部烧伤，经鉴定人审阅病历材料，结合查体所见，可认定经治医院诊断明确，其临床表现符合所受损伤。目前被鉴定人双面部治疗后色素沉着，建议半年后行整复治疗、皮秒激光治疗，因面积较大，不能一次完成，需三次左右，费用 18000 元左右。后法院判美容工作室赔偿吴某美容费、医疗费、后续治疗费、精神抚慰金、交通费、鉴定费合计两万余元。

律师指引 本案中被告为原告实施的射频治疗为医疗美容项目，被告在未取得医疗美容资质的情形下实施医疗美容项目给原告造成损害，应承担损害赔偿责任，并对原告的合理损失予以赔偿。

98 患者在医疗机构摔倒受伤，医疗机构要不要承担赔偿责任?

《民法典》第一千一百九十八条规定：“宾馆、商场、银行、车站、机场、体育场馆、娱乐场所等经营场所、公共场所的经营者、管理者或者群众性活动的组织者，未尽到安全保障义务，造成他人损害的，应当承担侵权责任。因第三人的行为造成他人损害的，由第三人承担侵权责任；经营者、管理者或者组织者未尽到安全保障义务的，承担相应的补充责任。经营者、管理者或者组织者承担补充责任后，可以向第三人追偿。”医疗机构对外开放的门诊、住院部等区域属于公共场所，医疗机构作为该公共场所管理人，对患者等到此公共场所的人负有安全保障义务。

医疗机构的安全保障义务的归责原则是过错原则，即医疗机构有过错才承担责任。患者在医疗机构摔倒的，若医疗机构已经尽到合理警告、风险防范措施、及时抢救等义务，患者摔倒主要为其自身原因导致的，则医疗机构不承担赔偿责任。如果医疗机构管理不当，如地面湿滑、未设置警示标识，患者摔倒后未能及时救治的，则需要在其过错范围内承担责任。

99 患者在医疗机构自杀，医疗机构要不要承担赔偿责任?

如果医疗机构尽到相应的诊疗护理义务，其行为不存在过错，患者为完全民事行为能力人，能辨认自己行为的意义，知道自己行为的后果，则医疗机构不承担赔偿责任。如果医疗机构未尽到相应管理义务，如未及时巡视，在发现需要陪护的病人没有家属陪护时未及时通知家属等，则应在其过错范围内承担责任。

精神病患者大多有精神障碍，对于自己的行为后果没有或欠缺辨认能力，故为其提供医疗服务的医疗机构除应对患者进行常规的治疗外，还应充分考虑精神疾病的病理特征，尽到更加审慎的安全保障义务。

【案例 8-8】精神病患者住院期间自杀，监护人、医疗机构分别按其过错承担责任案

彭某因患精神疾病于 2016 年 5 月被家人送至第五医院处精神科住院治疗，经诊断为分裂情感障碍 - 抑郁相。入院记录上记载“主诉：急起疑人监视，行为乱，易激惹，睡眠差，并自杀倾向 30 天。……补充说明：有严重的自杀行为”等。入院时，其父在医院《精神疾病住院治疗知情同意书》、《家属及监护人留院陪护协议书》上签字，《知情同意书》第 3 条写明：“凡愿住本科治疗的 ×× 患者均需由其监护人护送入科，并每天留有 24 小时陪护负责监护患者人身安全及个人生活料理，……如患者发生自伤、自杀……，概由监护人承担全部责任。医务人员只承担医疗护理职责，而不承担监护责任”。陪护协议书写明：“因 ×× 病房特殊原因，患者易发生：1. 自杀自残，……院方要求家属及监护人留院陪护，如发生上述意外伤害情况需要转院治疗或其他治疗需要等，均由家属负责，与院方无关”。入院第三天凌晨，彭某在病房卫生间的水龙头上用自己的贴身衣服上吊自杀。彭某家属认为医院监护责任不到位，遂向法院起诉。一审法院审理后认为：彭某家属在医院已明确告知并要求在彭某住院治疗期间进行陪护治疗的情况下仍未对彭某进行陪护治疗，未尽到相应的注意、陪护义务，对彭某的死亡负有较大责任。医院未提供确实充分的证据证明自己已经尽到了

高度的注意义务，正确、完全地履行其相应的专门职责，采取了必要的防备措施，应对彭某的死亡承担一定责任。据此，一审法院判决医院对彭某死亡承担40%责任。二审、再审判决对该责任比例予以维持。

➡ 律师指引　患者在医院自杀的，医院在有过错的情形下才予以赔偿，无过错则不赔偿。精神病医院应当根据精神病患者的病情对其自杀、自伤、他伤行为有所预见，并采取合理的预防措施。本案医院在患者没有亲属陪护的情况下，未能完全尽到高度注意其人身安全的义务，且在发现其无家属陪护后并未及时通知家属，存在一定过失，应承担一定的赔偿责任。另：本案中虽然医院主张根据双方签订的《住院治疗知情同意书》《家属及监护人留院陪护协议书》《精神疾病患者入院告知书》的约定，患者上吊自缢的责任和损失，与医院无关，但因该系列条款违反了我国法律对公民人身的健康安全和生命安全给予特殊保护的有关规定，故此种有关人身伤害的侵权行为的免责条款被认定为无效。

第九章 医疗损害赔偿问题

100 出现医疗损害时，患者一方可以主张的赔偿项目有哪些？

依据《最高人民法院关于审理人身损害赔偿案件适用法律若干问题的解释》规定，发生医疗损害，患者一方可以主张的赔偿项目有医疗费、误工费、护理费、交通费、住宿费、住院伙食补助费、必要的营养费。

患者因医疗损害致残的，还可以主张残疾赔偿金、残疾辅助器具费、被扶养人生活费，以及因康复护理、继续治疗实际发生的必要的康复费、护理费、后续治疗费。

患者因医疗损害造成死亡的，除前述第一款费用外，还可以主张丧葬费、被扶养人生活费、死亡补偿费以及患者亲属办理丧葬事宜支出的交通费、住宿费和误工损失等其他合理费用。

依据《最高人民法院关于确定民事侵权精神损害赔偿责任若干问题的解释》第十一条规定：“受害人对损害事实和损害后果的发生有过错的，可以根据其过错程度减轻或者免除侵权人的精神损害赔偿责任。”因此，若在案件中患者或患者家属（患者死亡情形）遭受的精神损害达到一定程度，还可以要求医疗机构赔偿精神损害抚慰金。

101 医疗费具体包含哪些内容？

医疗费是指患者因医疗过错遭受人身损害后为治疗、康复所必须支出的费用。医疗费的确定不仅需要医疗机构的相应费用凭证，还需要结合病历和诊断证明等相关证据予以确定。若患者自行购买的药物，没有相关医嘱支持，则医患双方可能对其药物使用的必要性、购买数量及价格合理性方面存在争议，以致该费用无法得到赔偿。

医方所承担的赔偿范围仅限于因其医疗过错而造成的人身损害部分，患者治疗与医疗过错无关的原发疾病所支付的费用医方不承担。

102 后续治疗费怎么主张？

后续治疗费的赔偿应符合两个条件：后续治疗是针对医方医疗过错侵权行为造成的损害后果而发生的；后续治疗行为确有必要。

对于患者需要后续治疗的费用，如器官功能恢复训练所必要的康复费、适当的整容费以及其他后续治疗费，患者可以待实际发生后另行起诉。但根据医疗证明或者鉴定结论确定必然发生的费用，可以与已经发生的医疗费一并要求医方予以赔偿。

后续治疗费除包含因后续治疗确需的医疗费外，还可以主张因后续治疗所产生的必需的护理费、营养费、误工费、交通费和住宿费等费用。

103 误工费怎么计算？

误工费的确定包括误工时间和收入状况两个方面，其计算方式为误工时间乘收入状况。

误工时间需要根据患者接受治疗的医疗机构出具的证明确定。患者因伤致残持续误工的，误工时间计算至定残日前一天。

收入状况分为三种情况：

（一）患者有固定收入的，误工费按照实际减少的收入计算。

（二）患者有固定收入，但其固定收入过高，高于医疗纠纷发生地上一年度职工平均工资 3 倍以上的，按照上一年度职工平均工资 3 倍计算。

（三）患者无固定收入的，按医疗纠纷发生地上一年度平均工资计算。

需要注意的是，若医疗损害并没有使患者遭受收入减少的损失，或患者本身就没有劳动能力的，则不赔偿误工费。

104 护理费怎么计算？

护理费的确定包括护理费标准、护理人数、护理期限三部分。

护理费标准，若有实际聘请护工，开具护理费发票或收据，则按每天实际产生的护理费计算。若未聘请护工，由亲属护理，亲属能够证明其误工损失，按亲属实际误工费计算。若未聘请护工，由亲属护理，亲属不能够证明其误工损失，则按当地护工从事同级别护理的劳务报酬标准计算。

护理人员原则上为一人，但医疗机构或者鉴定机构有明确意见的，可以参照确定护理人员人数。

护理期限包括：1. 住院期间的护理期限，按住院天数计算即可；2. 出院后或未住院、无法出院情形下，护理期限计算至患者恢复生活自理能力时止。患者因残疾不能恢复生活自理能力，需长期护理的，可以根据其年龄、健康状况等因素确定合理的护理期限，但最长不超过二十年。对于院外长期护理的情形，法院常见的判决方式有三种：一是先按五年的院外护理期来认定，待五年后仍需护理则患者可另行起诉；二是按最长二十年护理期来认定；三是法院根据案件实际情形酌情认定，例如十年、十二年等。

105 营养费怎么计算？

营养费是指患者为辅助治疗或使身体尽快康复而购买日常饮食以外的营养品所支出的费用。大多数情况下患者加强营养的过程都可以通过饮食、用药完成，只有在确有必要的情况下才通过营养品进行补充，因此，营养费是否进入赔偿范围需要参考医疗机构的意见。

106 住院伙食补助费、住宿费怎么计算？

住院伙食补助费是患者因医疗损害而延长住院治疗期间对患者本人伙食费用的合理补偿，住院伙食补助费参照当地国家机关一般工作人员的出差伙食补助标准予以确定。

若患者确有必要到外地治疗，因客观原因不能住院，患者本人及其陪护人员实际发生的住宿费和伙食费，其合理部分也可以得到赔偿。

107 交通费怎么计算？

交通费是患者及其必要的陪护人员因就医、转院治疗实际发生的费用。交通费以正式票据为凭；有关凭据应当与就医地点、时间、人数、次数相符合。

108 残疾赔偿金怎么计算？

残疾赔偿金根据患者丧失劳动能力程度或者伤残等级，按照受诉法院所在地上一年度城镇居民人均可支配收入或者农村居民人均纯收入标准，自定残之日起按二十年计算。但六十周岁以上的，年龄每增加一岁减少一年；七十五周岁以上的，按五年计算。

患者因伤致残但实际收入没有减少，或者伤残等级较轻但造成职业妨害严重影响其劳动就业的，可以对残疾赔偿金作相应调整。

109 残疾辅助器具费怎么计算？

残疾辅助器具费按照普通适用器具的合理费用标准计算。伤情有特殊需要的，可以参照辅助器具配制机构的意见确定相应的合理费用标准。

辅助器具的更换周期和赔偿期限参照配制机构的意见确定。

110 死亡赔偿金怎么计算？

死亡赔偿金按照受诉法院所在地上一年度城镇居民人均可支配收

入或者农村居民人均纯收入标准，按二十年计算。但六十周岁以上的，年龄每增加一岁减少一年；七十五周岁以上的，按五年计算。上一年度是指一审法庭辩论终结时的上一统计年度。

111 丧葬费怎么计算?

丧葬费按照受诉法院所在地上一年度职工月平均工资标准，以六个月总额计算。

112 被扶养人生活费怎么计算?

被扶养人生活费根据扶养人丧失劳动能力程度，按照受诉法院所在地上一年度城镇居民人均消费性支出和农村居民人均年生活消费支出标准计算。被扶养人为未成年人的，计算至十八周岁；被扶养人无劳动能力又无其他生活来源的，计算二十年。但六十周岁以上的，年龄每增加一岁减少一年；七十五周岁以上的，按五年计算。

被扶养人是指受害人依法应当承担扶养义务的未成年人或者丧失劳动能力又无其他生活来源的成年近亲属。被扶养人还有其他扶养人的，赔偿义务人只赔偿受害人依法应当负担的部分。被扶养人有数人的，年赔偿总额累计不超过上一年度城镇居民人均消费性支出额或者农村居民人均年生活消费支出额。

目前，在部分地区，如：江苏，被抚养人生活费不再作为单独的赔偿项目，不影响赔偿总额，但需在残疾赔偿金或死亡赔偿金中列支，以保护被抚养人的生存权益。被抚养人系侵权人近亲属的，除可获得死亡赔偿金中列支的被抚养人生活费外，仍有权作为近亲属参与剩余部分死亡赔偿金的分配。

113 精神损害赔偿怎么主张?

医疗纠纷中可以主张精神损害赔偿的情形有：

（一）侵犯患者生命健康权，如因医疗机构过错给患者造成了严重的残疾或死亡后果；

（二）侵犯患者隐私权，如未经患者同意公布患者疾病信息和治疗情况，未经患者同意在其做手术时组织观摩教学；

（三）侵犯患者肖像权，如医疗机构擅自将患者肖像用作宣传。

是否适用精神损害赔偿，应视具体案情确定。如果侵权行为手段、方式不恶劣，受害人的损害程度不严重，社会影响不大，或者侵权人的过错程度不深，用停止侵害、恢复名誉、消除影响、赔礼道歉等非财产性民事责任方式或者收缴非法所得等民事责任制裁方式足以填补损害，抚慰受害人并制裁违法行为的，一般不适用精神损害赔偿。患者基于医疗服务合同起诉医疗机构的，不支持精神损害赔偿。

精神损害赔偿金额由法院根据其所在地平均生活水平酌情确定。

114 产前检查过错致缺陷儿出生的，可以主张哪些赔偿项目?

根据《中华人民共和国人口与计划生育法》（以下简称《人口与计划生育法》）和《母婴保健法》相关规定，产妇在产前检查过程中享有被医疗机构告知检查结果及相关风险等信息的权利，并享有根据其获得的信息做出是否决定终止妊娠避免缺陷儿出生的权利，因此，因医疗机构产前检查过错致缺陷儿出生侵犯了产妇的生育选择权。出于对生命价值的尊重，不宜将缺陷儿的出生本身视为损害后果，缺陷儿的残疾或因缺陷而致的死亡也与产前检查没有因果关系。但是，与抚养一个健康子女相比，抚养一个缺陷子女意味着父母必须承担额外的抚养费用，缺陷儿的出生是产妇权利被侵害的具体表现，也是导致其遭受财产以及精神损失的直接原因。因此，患者可以主张医疗机构赔偿因抚养缺陷儿比正常儿童多支出的医疗费、教育费等相关费用，但主张赔偿残疾赔偿金、死亡赔偿金、丧葬费的，不会被支持。

115 赔偿金有不同地域计算标准，应该采用哪个标准？

依据《最高人民法院关于审理人身损害赔偿案件适用法律若干问题的解释》第三十条规定：“赔偿权利人举证证明其住所地或者经常居住地城镇居民人均可支配收入或者农村居民人均纯收入高于受诉法院所在地标准的，残疾赔偿金或者死亡赔偿金可以按照其住所地或者经常居住地的相关标准计算。被扶养人生活费的相关计算标准，依照前款原则确定。”残疾赔偿金、死亡赔偿金、被扶养人生活费采用就高不就低的标准。

【案例 9-1】死亡赔偿金应适用就高不就低原则案

2016 年 8 月 18 日，袁某入住某医院待产，经会阴侧切助娩一足月男婴，羊水Ⅱ° 混浊。新生儿出生时面色苍白，无自主呼吸，无肌张力，无啼哭，听诊心率 124 次 / 分。考虑新生儿重度窒息，某医院抢救后仍无啼哭，逐用救护车将患儿护送至某大学附属医院。转院途中间断予简易呼吸囊辅助呼吸，持续吸氧。后患儿先后在某大学附属医院、上海某儿童医学中心住院治疗。家属放弃治疗出院后，再次将患儿送至某医院。8月22日凌晨，某医院医护人员将患儿送至某人民医院急诊，8月24日患儿病情恶化经抢救无效死亡。新生儿死亡原因为新生儿重度窒息、多脏器功能衰竭。患儿父母将某医院、某人民医院诉至法院要求对患儿死亡承担赔偿责任。该案经南通市医学会、江苏省医学会两次鉴定，其中江苏省医学会鉴定结论为：建议某医院承担次要责任，某人民医院不存在医疗过错行为。患儿父母为农村户口，在上海工作、生活，并有上海市临时居住证。一审法院认为患儿死亡赔偿金损失参照标准与受害人家庭成员的身份无关，故患儿父母是否具有城镇居民或参照城镇居民身份，与本案无关，并按照农村居民的收入标准计算相关的损失，判决某医院承担144,237.83元的赔偿责任。二审法院审理后认为：患儿父母均为农村户籍，但提供证据证明其在上海居住工作。由于受害人并未进行户籍登记，不能当然推定其为农村户籍，即便其为农村户籍，亦不能推定其如存活今后必然生活工作并居住在农村。故本案不应以农村标准作为死亡赔偿金的适用依据。最终二审法院以城镇标准判决某医院承担291,211.46元的赔偿责任。

➡ 律师指引 死亡赔偿金并非对受害人生命价值的赔偿，而是对受害人预期收入丧失的可能逸失利益赔偿，即死亡赔偿金是因受害人死亡、向受害人近亲属支付的、基于其家庭整体预期收入消极损失的财产损害赔偿，与受害人生前生活支出水平无关。根据我国区域经济发展不平衡，城乡不同劳动者之间年均收入水平差距较大的现状，在计算死亡赔偿金标准时根据不同个体情况，有农村居民人均可支配收入标准和城镇居民人均可支配收入标准两个标准，两者赔偿金额差距较大。本案受害者尚属婴儿，就高适用所在地城镇居民可支配收入标准，契合我国社会保障政策和死亡赔偿金的设置初衷。2020 年已有多个省份、直辖市逐步开展人身损害赔偿标准城乡统一试点工作，如上海、江苏、江西、山东、山西、广东、广西、宁夏、西藏、内蒙古。相信城乡居民统一赔偿标准会逐步在全国得到实行。

116 医保费用是否应当在赔偿项目中扣除？

社会保险制度是对受害人的一种基本社会保障，医疗机构的侵权责任不能因为患者获得医保给付而减轻或免除。但受害人也不能因侵权人的违法行为而获利，对于基本医疗保险基金已负担部分的医疗费，社会医疗保险机构有权向其追偿。

【案例 9-2】侵权行为人不得因受害人的医疗保险赔偿减免自身的损害赔偿责任案

孔某在自家搬卸东西时摔伤致左肩部受伤，后在某人民医院检查，行左肩关节正位 X 线检查显示：左肩关节未见明显骨折，左肩锁关节脱位可能。后孔某至市立医院住院治疗，共住院 7 天，共计花费医疗费 13,469.28 元，通过城镇居民医疗保险报销了 6,545.11 元。后在中医院进行康复治疗共计花费医疗费 20,536.69 元，通过城镇居民医疗保险报销了 15,187.57 元。经某司法鉴定所鉴定，鉴定意见为：市立医院在对孔某的诊疗过程中存在未尽到应尽的注意义务和违反“病历书写基本规范”的过错，该过错与孔某损害后果之间存在间接因果关系，起次要作用。孔某目前所遗左肩关节部分活动功能障碍，鉴定为十级伤残。庭审中市立医院辩称已经报销的费用孔某不应该再计算入赔偿范围。一审法院审理后认为：社会医疗保险的目的是为了保障公民在患病时能够得到医疗救治，不是为了减轻有过错侵权人的赔偿责任，不能因为孔某的报销而减轻市立医院的赔偿责任，故对孔某通过参加城镇居民医疗保险报销的部分，不予扣除，并判决市立医院赔偿孔某38243.7 元。二审法院审理后维持一审判决。

117 工伤保险与医疗损害赔偿是否可以兼得?

根据《最高人民法院关于审理人身损害赔偿案件适用法律若干问题的解释》第十一条第三款的规定："属于《工伤保险条例》调整的劳动关系和工伤保险范围的，不适用本条规定。"因此，工伤事故赔偿问题应适用社会保险法的相关规定，其与医疗损害分别属于不同的法律关系，适用不同的法律规定，可以分别主张赔偿。

【案例 9-3】工伤劳动者除医疗费外，工伤保险待遇和侵权损害赔偿可以兼得案

朋某在工作中因被重物砸伤左足，其后至某人民医院急诊处就诊，诊断为左足多发骨折伴脱位（开放性)，并于当日行切开复位内固定术。术后朋某左足背部肿胀明显，末梢血运、感觉差，皮温低，拒不足趾青紫，某人民医院建议其转上级医院进一步治疗。后朋某于他院左足截肢。本案经苏州市医学会鉴定，鉴定结论为：构成三级戊等医疗事故，医方承担次要责任。朋某此次受伤已被认定为工伤，劳动能力伤残等级为七级。朋某与其公司签订《工伤待遇赔偿协议》，约定其

公司一次性支付朋某伤残补助金、医疗补助金、一次性伤残就业补助金及工伤期间差额工资共计246,373.80元；双方一致同意解除劳动关系并终止工伤保险关系。朋某因某人民医院的医疗过错行为将其诉至法院，某人民医院答辩认为：朋某系发生工伤后在治疗过程中引发的医疗损害纠纷，工伤赔偿中可以报支的项目如辅助器具费用不应由被告承担。法院审理后认为：原告是否享受工伤保险待遇与被告无关，不能成为被告减轻或免除赔偿责任的理由，并判决某人民医院赔偿朋某108,065.81元。

➡ 律师指引　**患者因工伤至医院就医后又发生医疗损害的，既享有向用人单位主张工伤保险待遇的权利，又享有向医院主张侵权损害赔偿的权利，其工伤保险待遇和侵权损害赔偿可以兼得，但医疗费除外。**

第十章　医疗机构的行政责任与刑事责任

118 对于医疗机构和医务人员的违法违规行为，患方除了对所引起的损害要求赔偿外，还可以要医疗机构或医务人员承担什么责任?

对于医疗机构和医务人员的违法违规行为，患方可以向卫生行政部门投诉，要求给予行政处理。卫生行政部门根据具体违法事项和违法情节可以给予医疗机构警告、罚款、停业整顿、吊销《医疗机构执业许可证》的行政处罚，给予医务人员警告、行政处分，情节严重的，可以吊销医务人员执业证书。构成犯罪的，可以依法追究刑事责任。

119 医务人员严重不负责任造成患者严重的人身损害后果，是否构成医疗事故罪?

医疗行为具有高风险性，几乎所有的医疗行为都会对患者造成伤害：诊疗手段存在创伤性、药物具有毒副作用、治疗效果存在不确定性、患者本身存在个体差异，同一治疗方法对同一疾病的不同个体可能出现不同结果。因此，如果仅以最终的治疗结果来判断医疗过程的合法性显然对医方不公平。虽然医疗行为有一定的危险性，但为促进疾病的治疗、帮助患者恢复健康，应当对其危险性有一定的允许，以最大程度保障患者的生命和健康利益。

《刑法》第三百三十五条规定的“医疗事故罪”只有在医务人员由于严重不负责任，造成就诊人死亡或者严重损害就诊人身体健康的情形下才能被认定，如擅离职守，无正当理由拒绝对危急就诊人实行必要的医疗救治，未经批准擅自开展试验性治疗，严重违反查对、复核制度，使用未经批准使用的药品、消毒药剂、医疗器械等情形。“严重损害就诊人身体健康”是指造成就诊人严重残疾、重伤，感染艾滋病、病毒性肝炎等难以治愈的疾病或者其他严重损害就诊人身体健康的后果。

120 非法行医要承担什么责任?

依据《医疗机构管理条例》第二十四条规定：“任何单位或者个人，未取得《医疗机构执业许可证》，不得开展诊疗活动。”第四十四条规定：“违反本条例第二十四条规定，未取得《医疗机构执业许可证》擅自执业的，由县级以上人民政府卫生行政部门责令其停止执业活动，没收非法所得和药品、器械，并可以根据情节处以1万元以下的罚款。”

《刑法》第三百三十六条规定：“未取得医生执业资格的人非法行医，情节严重的，处三年以下有期徒刑、拘役或者管制，并处或者单处罚金；严重损害就诊人身体健康的，处三年以上十年以下有期徒刑，并处罚金；造成就诊人死亡的，处十年以上有期徒刑，并处罚金。未取得医生执业资格的人擅自为他人进行节育复通手术、假节育手术、终止妊娠手术或者摘取宫内节育器，情节严重的，处三年以下有期徒刑、拘役或者管制，并处或者单处罚金；严重损害就诊人身体健康的，处三年以上十年以下有期徒刑，并处罚金；造成就诊人死亡的，处十年以上有期徒刑，并处罚金。”

以下行为可以认定是非法行医行为：

（一）未取得或者以非法手段取得医师资格从事医疗活动的；

（二）被依法吊销医师执业证书期间从事医疗活动的；

（三）未取得乡村医生执业证书，从事乡村医疗活动的；

（四）家庭接生员实施家庭接生以外的医疗行为的。

实践中常遇到的擅自从事医疗活动的表现形式有：利用巫术、封建迷信行医，利用气功行医，利用现代仪器进行非法医疗活动，非医疗机构超越服务范围进行医疗活动，具备一定医学知识的人擅自开办诊所进行医疗活动，利用非法行医的手段推销产品及治疗。

擅自从事医疗活动，存在以下情形，属情节严重，构成非法行医罪，可追究相应人员的刑事责任：

（一）造成就诊人残疾、器官组织损伤导致功能障碍的；

（二）造成就诊人死亡的；

（三）造成甲类传染病传播、流行或者有传播、流行危险的；

（四）使用假药、劣药或不符合国家规定标准的卫生材料、医疗器械，足以严重危害人体健康的；

（五）非法行医被卫生行政部门行政处罚两次以后，再次非法行医的。

【案例 10-1】美容店未取得《医疗机构执业许可证》从事医疗美容活动案

2013 年 9 月，成都市某区卫生执法监督大队接到群众投诉，某美容店为其进行“激光”脱唇毛后留下瘢痕，随后卫生监督员到该美容店检查，经调查后发现：1. 该店未取得《医疗机构执业许可证》，开展了脱毛、点痣等医疗美容活动；2. 该店老板胡某未取得医师资格，便从事脱毛、点痣等医疗美容活动。卫生执法监督大队依据《医疗美容服务管理办法》第二十三条规定“任何单位和个人，未取得《医疗机构执业许可证》并经登记机关核准开展医疗美容诊疗科目，不得开展医疗美容服务”，《医疗机构管理条例》第四十四条规定“违反本条例第二十四条规定，未取得《医疗机构执业许可证》擅自执业的，由县级以上人民政府卫生行政部门责令其停止执业活动，没收非法所得和药品、器械，并可以根据情节处以 1 万元以下的罚款”，对当事人作出没收非法所得人民币 800 元并罚款 8000 元的行政处罚，同时责令其立即停止违法行为。

121 医疗机构超范围执业应承担什么责任?

依据《医疗机构管理条例》第二十七条规定：“医疗机构必须按照核准登记的诊疗科目开展诊疗活动。”第四十七条规定：“违反本条例第二十七条规定，诊疗活动超出登记范围的，由县级以上人民政府卫生行政部门予以警告、责令其改正，并可以根据情节处以 3000 元以下的罚款，情节严重的，吊销其《医疗机构执业许可证》。”

诊疗科目仅登记为美容中医科的医疗美容机构开展整形美容手术，

应认定为超范围执业。

妇幼保健机构必须申请并经卫生行政部门核准登记“外科”诊疗科目后，方可开展乳腺外科手术。

医疗机构核准登记的诊疗科目仅为全科医疗科，却设置了外科、妇科、口腔科等诊疗科目的，属于超范围执业，应当按照《医疗机构管理条例》第四十七条的规定进行行政处罚。

【案例10-2】从事未登记科室诊疗活动被处罚案

杭州某医院外科只核准登记普通外科专业，未经核准登记泌尿外科专业。该院为两名患者进行体外碎石，累计收入为2211元。该院被给予警告和罚款2500元的行政处罚。

➲ 律师指引　根据《医疗机构诊疗科目名录》，“外科”一级科目下的二级科目有：普通外科专业、神经外科专业、骨科专业、泌尿外科专业、胸外科专业、心脏大血管外科专业、烧伤科专业、整形外科专业、其他。该医疗机构核准登记的执业范围中只取得“普通外科”(二级科目）诊疗科目，并未取得“泌尿外科”诊疗科目，其开展泌尿外科相关诊疗服务属于超范围执业。

122 医师所属科室与执业范围不同，是不是超范围执业？

执业范围是医师的“身份”，除紧急救护、规培转科等特殊情况外，医师所从事的医疗活动必须始终在注册的执业范围内，否则就是超范围执业。

医师的执业范围与所在科室两者之间既有联系又有区别，并不必然相同。比如在急诊科工作的医师，其执业范围除急救医学专业外，还可以是内科、外科、妇产科、儿科等。中医、中西医结合医师可以在各级各类医疗机构的各临床科室执业，只要该医疗机构注册有中医和/或中西医结合（诊疗）科目。

123 医疗机构使用无资质的医务人员从事诊疗活动应该承担什么责任?

依据《医疗机构管理条例》第二十八条规定:“医疗机构不得使用非卫生技术人员从事医疗卫生技术工作。”第四十八条规定:“违反本条例第二十八条规定，使用非卫生技术人员从事医疗卫生技术工作的，由县级以上人民政府卫生行政部门责令其限期改正，并可以处以5000元以下的罚款；情节严重的，吊销其《医疗机构执业许可证》。”

《医疗机构管理条例实施细则》第八十一条规定:“任用非卫生技术人员从事医疗卫生技术工作的，责令其立即改正，并可处以三千元以下的罚款；有下列情形之一的，处以三千元以上五千元以下罚款，并可以吊销其《医疗机构执业许可证》:（一）任用两名以上非卫生技术人员从事诊疗活动;（二）任用的非卫生技术人员给患者造成伤害。医疗机构使用卫生技术人员从事本专业以外的诊疗活动的，按使用非卫生技术人员处理。”

【案例10-3】医师未变更执业地点开具处方，医疗机构被处罚案

某卫生局卫生监督员2014年×月×日对××诊所进行日常监

督检查时发现，在该诊所墙面上公示有工作人员蒋某，蒋某现场不能出示《医师执业证书》，现场查见由蒋某开具的处方一份，后查到蒋某的《医师执业证书》上的执业地点为××村卫生室，其执业地点未变更至该诊所。某卫生局依据《医疗机构管理条例实施细则》、《处方管理办法》相关规定，给予该诊所罚款人民币1500元的行政处罚，同时责令其立即改正违法行为。

律师指引 《处方管理办法》第八条规定："经注册的执业医师在执业地点取得相应的处方权。经注册的执业助理医师在医疗机构开具的处方，应当经所在执业地点执业医师签名或加盖专用签章后方有效。"因此，医师必须在注册登记的执业地点才能取得相应的处方权，否则就是违法行为。同样，医疗机构如果使用这类没有处方权的医师开具处方也要承担相应的法律责任。本案中蒋某执业地点并非××诊所，其未取得××诊所处方权，该诊所使用一名未取得处方权的人员擅自独立开具处方的行为，属于违反《处方管理办法》第八条第一款的行为。

124 医生收礼是否构成受贿罪（非国家工作人员受贿罪）？

判断"医生收礼"行为是否构成犯罪，首先应判断医生收礼的行为是否属于利用职务上的便利索取他人财物，或利用职务上的便利，非法收受他人财物并为他人谋取利益（如指定使用/采购特定医药或医疗器械公司的产品）。若医生收礼行为符合上述行为方式，且数额较大，即可能构成犯罪。

若医生收礼只是因患者或患者家属出于对医生请托或感谢而进行

的礼节性的馈赠，并没有利用职务上的便利为患者或患者家属谋取利益，一般不会构成犯罪，由其单位或行业协会对其进行相应的处罚。

125 医生开的处方中有保健食品，合法吗?

保健食品，是指声称具有特定保健功能或者以补充维生素、矿物质为目的的食品，即适宜于特定人群食用，具有调节机体功能，不以治疗疾病为目的，并且对人体不产生任何急性、亚急性或者慢性危害的食品。药品，是指用于预防、治疗、诊断人的疾病，有目的地调节人的生理机能并规定有适应症或者功能主治、用法和用量的物质，包括中药材、中药饮片、中成药、化学原料药及其制剂、抗生素、生化药品、放射性药品、血清、疫苗、血液制品和诊断药品等。

医生推荐保健食品不违法，但如果在处方上体现有保健品则属违法行为，依据《处方管理办法》第五十七条第二款规定，执业医师在诊疗活动中未按照本办法规定开具药品处方的可给予警告、责令暂停六个月以上一年以下执业活动的行政处罚；情节严重的，可吊销执业证书；情节特别严重的，则可构成生产、销售假药罪予以追究刑事责任。

【案例 10-4】保健品、食品冒充药品构成生产、销售假药罪案

张某于 1993 年 9 月成立糖尿病研究所，取得了相应的食品流通许可证和保健品批准文号，于 2012 年 12 月注册成立诊所，诊所与糖尿病研究所为两块牌子一套人马。张某安排张某某购买盐酸二甲双胍、格列本脲等西药原料，为糖尿病研究所生产的降糖冲剂（又名兴胰粉胶囊）、桃红片、菊花玉竹胶囊等保健品及食品中添加上述西药成分，

并以坐诊、巡诊的方式将添加上述西药成分的保健品、食品开立在处方中当作药品销售给糖尿病患者。张某带领他人先后在陕西、山西、河南、河北、甘肃、辽宁、内蒙、山东等省30余市、县租赁医院、诊所等进行宣传和巡诊，将上述添加了西药成分的保健品及食品作为药品进行销售。后张某在某医院巡诊期间，因将上述保健品、食品当作药品销售被市食品药品监督管理局查处，并被某某省高级人民法院认定为生产、销售假药罪，判处无期徒刑，剥夺政治权利终身，并处罚金。

➡ 律师指引　保健品不是药品，是一种特殊的食品，不应添加药物成分。如保健品中违规加入药物成分，亦不符合食品安全标准，消费者可依据我国食品安全法依法获得赔偿。

第十一章　医闹的行政责任与刑事责任

126 发生医疗纠纷，患者一方是否可以通过“闹一闹”获得更多的赔偿？

发生医疗纠纷时，患者一方由于出现病情加重、死亡等损害后果，其伤心、难过的心情可以理解。由于医学知识的壁垒、对医方信任的丧失，难免会情绪激动，甚至会产生必须“闹”才能解决问题的想法。但在医疗活动中，医患双方的合法权益都会受到法律的保护，通过“闹”的方式不但会激化矛盾，使自己预期目的难以实现，而且若因过激行为身陷囹圄，则更是得不偿失。

《中华人民共和国治安管理处罚法》（以下简称《治安管理处罚法》）第二十三条第一项规定：“有下列行为之一的，处警告或者二百元以下罚款；情节较重的，处五日以上十日以下拘留，可以并处五百元以下罚款：（一）扰乱机关、团体、企业、事业单位秩序，致使工作、生产、营业、医疗、教学、科研不能正常进行，尚未造成严重损失的；……聚众实施前款行为的，对首要分子处十日以上十五日以下拘留，可以并处一千元以下罚款。”；《刑法修正案（九）》将第二百九十条第一款修改为:“聚众扰乱社会秩序，情节严重，致使工作、生产、营业和教学、科研、医疗无法进行，造成严重损失的，对首要分子，处三年以上七年以下有期徒刑；对其他积极参加的，处三年以下有期徒刑、拘役、管制或者剥夺政治权利。”对扰乱医疗秩序的行为，行政法、刑法责任都有明确规定。

此外，为依法惩处涉医违法犯罪，维护正常医疗秩序，构建和谐医患关系，最高人民法院、最高人民检察院、公安部、司法部、国家卫生和计划生育委员会联合印发的《关于依法惩处涉医违法犯罪维护正常医疗秩序的意见》对六类涉医违法犯罪活动进行了明确的规定:

（一）在医疗机构内殴打医务人员或者故意伤害医务人员身体、故意损毁公私财物，尚未造成严重后果的，分别依照治安管理处罚法第四十三条、第四十九条的规定处罚；故意杀害医务人员，或者故意伤害医务人员造成轻伤以上严重后果，或者随意殴打医务人员情节恶劣、任意损毁公私财物情节严重，构成故意杀人罪、故意伤害罪、故意毁坏财物罪、寻衅滋事罪的，依照刑法的有关规定定罪处罚。

（二）在医疗机构私设灵堂、摆放花圈、焚烧纸钱、悬挂横幅、堵塞大门或者以其他方式扰乱医疗秩序，尚未造成严重损失，经劝说、警告无效的，要依法驱散，对拒不服从的人员要依法带离现场，依照治安管理处罚法第二十三条的规定处罚；聚众实施的，对首要分子和其他积极参加者依法予以治安处罚；造成严重损失或者扰乱其他公共秩序情节严重，构成寻衅滋事罪、聚众扰乱社会秩序罪、聚众扰乱公共场所秩序、交通秩序罪的，依照刑法的有关规定定罪处罚。

在医疗机构的病房、抢救室、重症监护室等场所及医疗机构的公共开放区域违规停放尸体，影响医疗秩序，经劝说、警告无效的，依照治安管理处罚法第六十五条的规定处罚；严重扰乱医疗秩序或者其他公共秩序，构成犯罪的，依照前款的规定定罪处罚。

（三）以不准离开工作场所等方式非法限制医务人员人身自由的，依照治安管理处罚法第四十条的规定处罚；构成非法拘禁罪的，依照刑法的有关规定定罪处罚。

（四）公然侮辱、恐吓医务人员的，依照治安管理处罚法第四十二条的规定处罚；采取暴力或者其他方法公然侮辱、恐吓医务人员情节严重（恶劣），构成侮辱罪、寻衅滋事罪的，依照刑法的有关规定定罪处罚。

（五）非法携带枪支、弹药、管制器具或者爆炸性、放射性、毒害性、腐蚀性物品进入医疗机构的，依照治安管理处罚法第三十条、第三十二条的规定处罚；危及公共安全情节严重，构成非法携带枪支、弹药、管制刀具、危险物品危及公共安全罪的，依照刑法的有关规定定罪处罚。

（六）对于故意扩大事态，教唆他人实施针对医疗机构或者医务人员的违法犯罪行为，或者以受他人委托处理医疗纠纷为名实施敲诈勒索、寻衅滋事等行为的，依照治安管理处罚法和刑法的有关规定从严惩处。

在法律实践中，出于对患者在医疗行为中弱势地位的考虑，法律做出了很多倾向于患者权益保护的规定，患者完全可以依据法律规定通过正当程序维护自身利益，切不可因为对法律、法规的不了解作出过激行为，承担不必要的法律责任。

【案例 11–1】国家卫生健康委员会网站发布严重危害正常医疗秩序失信行为人案例

2019 年 6 月 5 日，国家卫生健康委员会网站发布动态新闻，将王某等 177 人列为严重危害正常医疗秩序失信行为人，该名单信息已经全国信用信息平台推送给参与联合惩戒各部门，共同落实联合惩戒措施。并同时发布了3个典型案例。

典型案例1：2018年12月10日14时许，王某酒后在北京市东城区同仁医院西区门诊楼因亲属住院缴费问题与护士发生争吵，后用文件夹、凳子等物品扔砸多名护士，造成医护人员李某、刘某受伤，严重影响正常医疗秩序。经当地公安机关调查取证，检察机关提起公诉。2019年2月22日，法院判决：王某犯寻衅滋事罪，判处有期徒刑八个月，缓刑一年。

典型案例2：2019年2月12日，病患黄某（69岁）在安徽省南陵县医院因病进行手术，经抢救无效死亡。2019年2月14日上午8时许，汪某、杨某等家属聚集近百人在南陵县医院门诊大厅内吵闹，继而在门诊大厅门口焚烧纸钱、喊口号、辱骂医务人员，阻碍其他患者正常就医，严重干扰医院的正常医疗秩序。经当地公安机关调查取证，对汪某、杨某、徐某后、杨某新、刘某、徐某英、黄某、管某等8人作出行政拘留十日的处罚。另有相关人员被刑事拘留。

典型案例3：2019年3月18日7时许，周某在北京市东城区北京中医院门前附近，阻拦、纠缠过往看病群众，非法为北京其他医院招揽患者就诊，扰乱公共场所秩序。经当地公安机关调查取证，对周某作出行政拘留五日的行政处罚。

律师指引 根据国家发展改革委、国家卫生健康委等28部门联合印发的《关于对严重危害正常医疗秩序的失信行为责任人实施联合惩戒合作备忘录》，对于因实施或参与涉医违法犯罪活动，被公安机关处以行政拘留以上处罚，或被司法机关追究刑事责任的严重危害正常医疗秩序的自然人，除依据法律规定承担相应的行政、刑事责任外，还可能遭遇以下惩治措施：

（一）限制补贴性资金支持。

（二）引导保险公司按照风险定价原则调整财产保险费率。

（三）将其严重危害正常医疗秩序的失信行为作为限制享受优惠性政策的重要参考因素。

（四）限制担任国有企业法定代表人、董事、监事、高级管理人员。

（五）限制登记为事业单位法定代表人。

（六）限制招录（聘）为公务员或事业单位工作人员。

（七）按程序及时撤销相关荣誉，取消惩戒对象参加评先评优资格，不得向惩戒对象授予“道德模范”“劳动模范”“五一劳动奖章”等荣誉。

（八）未按执行通知书指定的期间履行生效法律文书确定的给付义务并被人民法院依法采取限制消费措施的，或未履行生效法律文书确定的义务被人民法院依法纳入失信被执行人名单的，限制其乘坐飞机、列车软卧、G 字头动车组列车、其他动车组列车一等以上座位等高消费及其他非生活和工作必需的消费行为。

（九）将严重危害正常医疗秩序的失信行为人纳入全国信用信息共享平台并通报其所在单位。

（十）将严重危害正常医疗秩序的失信行为人通过“信用中国”网站及其他主要新闻网站等向社会公布。

（十一）限制取得认证机构资质。

（十二）将违法失信信息作为证券公司、保险公司、基金管理 公司及期货公司的设立及股权或实际控制人变更审批或备案，保险中介业务许可或保险专业中介机构股东、实际控制人变更备案，私募投资基金管理人登记、重大事项变更以及基金备案时的重要参考。

（十三）将违法失信信息作为证券公司、保险公司、基金管理公司、期货公司的董事、监事和高级管理人员及分支机构负责人任职审批或备案的参考。

（十四）将违法失信信息作为独立基金销售机构审批时的参考。对存在失信记录的相关主体在证券、基金、期货从业资格申请中予以从严审核，对已成为证券、基金、期货从业人员的相关主体予以重点关注。

（十五）限制享受投资等领域优惠政策。

（十六）在申请经营性互联网信息服务时，将其失信信息作为审核相关许可的重要参考。

上述联合惩戒措施自行为人被治安或刑事处罚结束之日起计算，满五年为止。期间再次发生严重危害正常医疗秩序的失信行为的，惩戒期限累加计算。

发生医疗纠纷，切记采取正确的解决方式，避免因对法律知识的缺乏而陷入被动，更不可采取暴力杀医、伤医以及严重扰乱医疗秩序的违法犯罪行为。

相关法律法规

1.《中华人民共和国民法典》（选录）

第六章　医疗损害责任

2.《医疗纠纷预防和处理条例》

3.《医疗事故处理条例》

4.《司法鉴定程序通则》

5.《最高人民法院关于审理医疗损害责任纠纷案件适用法律若干问题的解释》（2020 修正）

6.《最高人民法院关于审理人身损害赔偿案件适用法律若干问题的解释》（2020 修正）

7.《医疗机构投诉管理办法》

1. 中华人民共和国民法典（选录）

（2020 年 5 月 28 日第十三届全国人民代表大会第三次会议通过）

第六章　医疗损害责任

第一千二百一十八条　患者在诊疗活动中受到损害，医疗机构或者其医务人员有过错的，由医疗机构承担赔偿责任。

第一千二百一十九条　医务人员在诊疗活动中应当向患者说明病

情和医疗措施。需要实施手术、特殊检查、特殊治疗的，医务人员应当及时向患者具体说明医疗风险、替代医疗方案等情况，并取得其明确同意；不能或者不宜向患者说明的，应当向患者的近亲属说明，并取得其明确同意。

医务人员未尽到前款义务，造成患者损害的，医疗机构应当承担赔偿责任。

第一千二百二十条　因抢救生命垂危的患者等紧急情况，不能取得患者或者其近亲属意见的，经医疗机构负责人或者授权的负责人批准，可以立即实施相应的医疗措施。

第一千二百二十一条　医务人员在诊疗活动中未尽到与当时的医疗水平相应的诊疗义务，造成患者损害的，医疗机构应当承担赔偿责任。

第一千二百二十二条　患者在诊疗活动中受到损害，有下列情形之一的，推定医疗机构有过错：

（一）违反法律、行政法规、规章以及其他有关诊疗规范的规定；

（二）隐匿或者拒绝提供与纠纷有关的病历资料；

（三）遗失、伪造、篡改或者违法销毁病历资料。

第一千二百二十三条　因药品、消毒产品、医疗器械的缺陷，或者输入不合格的血液造成患者损害的，患者可以向药品上市许可持有人、生产者、血液提供机构请求赔偿，也可以向医疗机构请求赔偿。患者向医疗机构请求赔偿的，医疗机构赔偿后，有权向负有责任的药品上市许可持有人、生产者、血液提供机构追偿。

第一千二百二十四条　患者在诊疗活动中受到损害，有下列情形之一的，医疗机构不承担赔偿责任：

（一）患者或者其近亲属不配合医疗机构进行符合诊疗规范的

诊疗；

（二）医务人员在抢救生命垂危的患者等紧急情况下已经尽到合理诊疗义务；

（三）限于当时的医疗水平难以诊疗。

前款第一项情形中，医疗机构或者其医务人员也有过错的，应当承担相应的赔偿责任。

第一千二百二十五条　医疗机构及其医务人员应当按照规定填写并妥善保管住院志、医嘱单、检验报告、手术及麻醉记录、病理资料、护理记录等病历资料。

患者要求查阅、复制前款规定的病历资料的，医疗机构应当及时提供。

第一千二百二十六条　医疗机构及其医务人员应当对患者的隐私和个人信息保密。泄露患者的隐私和个人信息，或者未经患者同意公开其病历资料的，应当承担侵权责任。

第一千二百二十七条　医疗机构及其医务人员不得违反诊疗规范实施不必要的检查。

第一千二百二十八条　医疗机构及其医务人员的合法权益受法律保护。

干扰医疗秩序，妨碍医务人员工作、生活，侵害医务人员合法权益的，应当依法承担法律责任。

2. 医疗纠纷预防和处理条例

《医疗纠纷预防和处理条例》已经 2018 年 6 月 20 日国务院第 13 次常务会议通过，现予公布，自 2018 年 10 月 1 日起施行。

总理　李克强

2018 年 7 月 31 日

第一章　总　则

第一条　为了预防和妥善处理医疗纠纷，保护医患双方的合法权益，维护医疗秩序，保障医疗安全，制定本条例。

第二条　本条例所称医疗纠纷，是指医患双方因诊疗活动引发的争议。

第三条　国家建立医疗质量安全管理体系，深化医药卫生体制改革，规范诊疗活动，改善医疗服务，提高医疗质量，预防、减少医疗纠纷。

在诊疗活动中，医患双方应当互相尊重，维护自身权益应当遵守有关法律、法规的规定。

第四条　处理医疗纠纷，应当遵循公平、公正、及时的原则，实事求是，依法处理。

第五条　县级以上人民政府应当加强对医疗纠纷预防和处理工作的领导、协调，将其纳入社会治安综合治理体系，建立部门分工协作机制，督促部门依法履行职责。

第六条　卫生主管部门负责指导、监督医疗机构做好医疗纠纷的预防和处理工作，引导医患双方依法解决医疗纠纷。

司法行政部门负责指导医疗纠纷人民调解工作。

公安机关依法维护医疗机构治安秩序，查处、打击侵害患者和医务人员合法权益以及扰乱医疗秩序等违法犯罪行为。

财政、民政、保险监督管理等部门和机构按照各自职责做好医疗纠纷预防和处理的有关工作。

第七条　国家建立完善医疗风险分担机制，发挥保险机制在医疗纠纷处理中的第三方赔付和医疗风险社会化分担的作用，鼓励医疗机构参加医疗责任保险，鼓励患者参加医疗意外保险。

第八条　新闻媒体应当加强医疗卫生法律、法规和医疗卫生常识的宣传，引导公众理性对待医疗风险；报道医疗纠纷，应当遵守有关法律、法规的规定，恪守职业道德，做到真实、客观、公正。

第二章　医疗纠纷预防

第九条　医疗机构及其医务人员在诊疗活动中应当以患者为中心，加强人文关怀，严格遵守医疗卫生法律、法规、规章和诊疗相关规范、常规，恪守职业道德。

医疗机构应当对其医务人员进行医疗卫生法律、法规、规章和诊疗相关规范、常规的培训，并加强职业道德教育。

第十条　医疗机构应当制定并实施医疗质量安全管理制度，设置医疗服务质量监控部门或者配备专（兼）职人员，加强对诊断、治疗、护理、药事、检查等工作的规范化管理，优化服务流程，提高服务水平。

医疗机构应当加强医疗风险管理，完善医疗风险的识别、评估和防控措施，定期检查措施落实情况，及时消除隐患。

第十一条　医疗机构应当按照国务院卫生主管部门制定的医疗技术临床应用管理规定，开展与其技术能力相适应的医疗技术服务，保障临床应用安全，降低医疗风险；采用医疗新技术的，应当开展技术评估和伦理审查，确保安全有效、符合伦理。

第十二条　医疗机构应当依照有关法律、法规的规定，严格执行药品、医疗器械、消毒药剂、血液等的进货查验、保管等制度。禁止使用无合格证明文件、过期等不合格的药品、医疗器械、消毒药剂、血液等。

第十三条　医务人员在诊疗活动中应当向患者说明病情和医疗措施。需要实施手术，或者开展临床试验等存在一定危险性、可能产生不良后果的特殊检查、特殊治疗的，医务人员应当及时向患者说明医疗风险、替代医疗方案等情况，并取得其书面同意；在患者处于昏迷等无法自主作出决定的状态或者病情不宜向患者说明等情形下，应当向患者的近亲属说明，并取得其书面同意。

紧急情况下不能取得患者或者其近亲属意见的，经医疗机构负责人或者授权的负责人批准，可以立即实施相应的医疗措施。

第十四条　开展手术、特殊检查、特殊治疗等具有较高医疗风险的诊疗活动，医疗机构应当提前预备应对方案，主动防范突发风险。

第十五条　医疗机构及其医务人员应当按照国务院卫生主管部门的规定，填写并妥善保管病历资料。

因紧急抢救未能及时填写病历的，医务人员应当在抢救结束后6小时内据实补记，并加以注明。

任何单位和个人不得篡改、伪造、隐匿、毁灭或者抢夺病历资料。

第十六条　患者有权查阅、复制其门诊病历、住院志、体温单、医嘱单、化验单（检验报告）、医学影像检查资料、特殊检查同意书、手术同意书、手术及麻醉记录、病理资料、护理记录、医疗费用以及国务院卫生主管部门规定的其他属于病历的全部资料。

患者要求复制病历资料的，医疗机构应当提供复制服务，并在复制的病历资料上加盖证明印记。复制病历资料时，应当有患者或者其近亲属在场。医疗机构应患者的要求为其复制病历资料，可以收取工本费，收费标准应当公开。

患者死亡的，其近亲属可以依照本条例的规定，查阅、复制病历资料。

第十七条　医疗机构应当建立健全医患沟通机制，对患者在诊疗过程中提出的咨询、意见和建议，应当耐心解释、说明，并按照规定进行处理；对患者就诊疗行为提出的疑问，应当及时予以核实、自查，并指定有关人员与患者或者其近亲属沟通，如实说明情况。

第十八条　医疗机构应当建立健全投诉接待制度，设置统一的投诉管理部门或者配备专（兼）职人员，在医疗机构显著位置公布医疗纠纷解决途径、程序和联系方式等，方便患者投诉或者咨询。

第十九条　卫生主管部门应当督促医疗机构落实医疗质量安全管理制度，组织开展医疗质量安全评估，分析医疗质量安全信息，针对发现的风险制定防范措施。

第二十条　患者应当遵守医疗秩序和医疗机构有关就诊、治疗、检查的规定，如实提供与病情有关的信息，配合医务人员开展诊疗活动。

第二十一条　各级人民政府应当加强健康促进与教育工作，普及健康科学知识，提高公众对疾病治疗等医学科学知识的认知水平。

第三章　医疗纠纷处理

第二十二条　发生医疗纠纷，医患双方可以通过下列途径解决：

（一）双方自愿协商；

（二）申请人民调解；

（三）申请行政调解；

（四）向人民法院提起诉讼；

（五）法律、法规规定的其他途径。

第二十三条　发生医疗纠纷，医疗机构应当告知患者或者其近亲属下列事项：

（一）解决医疗纠纷的合法途径；

（二）有关病历资料、现场实物封存和启封的规定；

（三）有关病历资料查阅、复制的规定。

患者死亡的，还应当告知其近亲属有关尸检的规定。

第二十四条　发生医疗纠纷需要封存、启封病历资料的，应当在医患双方在场的情况下进行。封存的病历资料可以是原件，也可以是复制件，由医疗机构保管。病历尚未完成需要封存的，对已完成病历先行封存；病历按照规定完成后，再对后续完成部分进行封存。医疗机构应当对封存的病历开列封存清单，由医患双方签字或者盖章，各执一份。

病历资料封存后医疗纠纷已经解决，或者患者在病历资料封存满 3 年未再提出解决医疗纠纷要求的，医疗机构可以自行启封。

第二十五条　疑似输液、输血、注射、用药等引起不良后果的，医患双方应当共同对现场实物进行封存、启封，封存的现场实物由医疗机构保管。需要检验的，应当由双方共同委托依法具有检验资格的检验机构进行检验；双方无法共同委托的，由医疗机构所在地县级人民政府卫生主管部门指定。

疑似输血引起不良后果，需要对血液进行封存保留的，医疗机构应当通知提供该血液的血站派员到场。

现场实物封存后医疗纠纷已经解决，或者患者在现场实物封存满 3 年未再提出解决医疗纠纷要求的，医疗机构可以自行启封。

第二十六条　患者死亡，医患双方对死因有异议的，应当在患者死亡后 48 小时内进行尸检；具备尸体冻存条件的，可以延长至 7 日。尸检应当经死者近亲属同意并签字，拒绝签字的，视为死者近亲属不同意进行尸检。不同意或者拖延尸检，超过规定时间，影响对死因判定的，由不同意或者拖延的一方承担责任。

尸检应当由按照国家有关规定取得相应资格的机构和专业技术人员进行。

医患双方可以委派代表观察尸检过程。

第二十七条　患者在医疗机构内死亡的，尸体应当立即移放太平间或者指定的场所，死者尸体存放时间一般不得超过 14 日。逾期不处理的尸体，由医疗机构在向所在地县级人民政府卫生主管部门和公安机关报告后，按照规定处理。

第二十八条　发生重大医疗纠纷的，医疗机构应当按照规定向所在地县级以上地方人民政府卫生主管部门报告。卫生主管部门接到报告后，应当及时了解掌握情况，引导医患双方通过合法途径解决纠纷。

第二十九条　医患双方应当依法维护医疗秩序。任何单位和个人不得实施危害患者和医务人员人身安全、扰乱医疗秩序的行为。

医疗纠纷中发生涉嫌违反治安管理行为或者犯罪行为的，医疗机构应当立即向所在地公安机关报案。公安机关应当及时采取措施，依法处置，维护医疗秩序。

第三十条　医患双方选择协商解决医疗纠纷的，应当在专门场所协商，不得影响正常医疗秩序。医患双方人数较多的，应当推举代表进行协商，每方代表人数不超过 5 人。

协商解决医疗纠纷应当坚持自愿、合法、平等的原则，尊重当事人的权利，尊重客观事实。医患双方应当文明、理性表达意见和要求，不得有违法行为。

协商确定赔付金额应当以事实为依据，防止畸高或者畸低。对分歧较大或者索赔数额较高的医疗纠纷，鼓励医患双方通过人民调解的途径解决。

医患双方经协商达成一致的，应当签署书面和解协议书。

第三十一条　申请医疗纠纷人民调解的，由医患双方共同向医疗纠纷人民调解委员会提出申请；一方申请调解的，医疗纠纷人民调解委员会在征得另一方同意后进行调解。

申请人可以以书面或者口头形式申请调解。书面申请的，申请书应当载明申请人的基本情况、申请调解的争议事项和理由等；口头申请的，医疗纠纷人民调解员应当当场记录申请人的基本情况、申请调解的争议事项和理由等，并经申请人签字确认。

医疗纠纷人民调解委员会获悉医疗机构内发生重大医疗纠纷，可以主动开展工作，引导医患双方申请调解。

当事人已经向人民法院提起诉讼并且已被受理，或者已经申请卫生主管部门调解并且已被受理的，医疗纠纷人民调解委员会不予受理；已经受理的，终止调解。

第三十二条　设立医疗纠纷人民调解委员会，应当遵守《中华人民共和国人民调解法》的规定，并符合本地区实际需要。医疗纠纷人民调解委员会应当自设立之日起 30 个工作日内向所在地县级以上地方人民政府司法行政部门备案。

医疗纠纷人民调解委员会应当根据具体情况，聘任一定数量的具有医学、法学等专业知识且热心调解工作的人员担任专（兼）职医疗纠纷人民调解员。

医疗纠纷人民调解委员会调解医疗纠纷，不得收取费用。医疗纠纷人民调解工作所需经费按照国务院财政、司法行政部门的有关规定执行。

第三十三条　医疗纠纷人民调解委员会调解医疗纠纷时，可以根据需要咨询专家，并可以从本条例第三十五条规定的专家库中选取专家。

第三十四条　医疗纠纷人民调解委员会调解医疗纠纷，需要进行医疗损害鉴定以明确责任的，由医患双方共同委托医学会或者司法鉴定机构进行鉴定，也可以经医患双方同意，由医疗纠纷人民调解委员会委托鉴定。

医学会或者司法鉴定机构接受委托从事医疗损害鉴定，应当由鉴定事项所涉专业的临床医学、法医学等专业人员进行鉴定；医学会或者司法鉴定机构没有相关专业人员的，应当从本条例第三十五条规定的专家库中抽取相关专业专家进行鉴定。

医学会或者司法鉴定机构开展医疗损害鉴定，应当执行规定的标准和程序，尊重科学，恪守职业道德，对出具的医疗损害鉴定意见负责，不得出具虚假鉴定意见。医疗损害鉴定的具体管理办法由国务院卫生、司法行政部门共同制定。

鉴定费预先向医患双方收取，最终按照责任比例承担。

第三十五条　医疗损害鉴定专家库由设区的市级以上人民政府卫生、司法行政部门共同设立。专家库应当包含医学、法学、法医学等领域的专家。聘请专家进入专家库，不受行政区域的限制。

第三十六条　医学会、司法鉴定机构作出的医疗损害鉴定意见应当载明并详细论述下列内容：

（一）是否存在医疗损害以及损害程度；

（二）是否存在医疗过错；

（三）医疗过错与医疗损害是否存在因果关系；

（四）医疗过错在医疗损害中的责任程度。

第三十七条　咨询专家、鉴定人员有下列情形之一的，应当回避，当事人也可以以口头或者书面形式申请其回避：

（一）是医疗纠纷当事人或者当事人的近亲属；

（二）与医疗纠纷有利害关系；

（三）与医疗纠纷当事人有其他关系，可能影响医疗纠纷公正处理。

第三十八条　医疗纠纷人民调解委员会应当自受理之日起 30 个工作日内完成调解。需要鉴定的，鉴定时间不计入调解期限。因特殊情况需要延长调解期限的，医疗纠纷人民调解委员会和医患双方可以约定延长调解期限。超过调解期限未达成调解协议的，视为调解不成。

第三十九条　医患双方经人民调解达成一致的，医疗纠纷人民调解委员会应当制作调解协议书。调解协议书经医患双方签字或者盖章，人民调解员签字并加盖医疗纠纷人民调解委员会印章后生效。

达成调解协议的，医疗纠纷人民调解委员会应当告知医患双方可以依法向人民法院申请司法确认。

第四十条　医患双方申请医疗纠纷行政调解的，应当参照本条例第三十一条第一款、第二款的规定向医疗纠纷发生地县级人民政府卫生主管部门提出申请。

卫生主管部门应当自收到申请之日起 5 个工作日内作出是否受理的决定。当事人已经向人民法院提起诉讼并且已被受理，或者已经申请医疗纠纷人民调解委员会调解并且已被受理的，卫生主管部门不予受理；已经受理的，终止调解。

卫生主管部门应当自受理之日起 30 个工作日内完成调解。需要鉴定的，鉴定时间不计入调解期限。超过调解期限未达成调解协议的，视为调解不成。

第四十一条　卫生主管部门调解医疗纠纷需要进行专家咨询的，可以从本条例第三十五条规定的专家库中抽取专家；医患双方认为需要进行医疗损害鉴定以明确责任的，参照本条例第三十四条的规定进行鉴定。

医患双方经卫生主管部门调解达成一致的，应当签署调解协议书。

第四十二条　医疗纠纷人民调解委员会及其人民调解员、卫生主管部门及其工作人员应当对医患双方的个人隐私等事项予以保密。

未经医患双方同意，医疗纠纷人民调解委员会、卫生主管部门不得公开进行调解，也不得公开调解协议的内容。

第四十三条　发生医疗纠纷，当事人协商、调解不成的，可以依法向人民法院提起诉讼。当事人也可以直接向人民法院提起诉讼。

第四十四条　发生医疗纠纷，需要赔偿的，赔付金额依照法律的规定确定。

第四章　法律责任

第四十五条　医疗机构篡改、伪造、隐匿、毁灭病历资料的，对直接负责的主管人员和其他直接责任人员，由县级以上人民政府卫生主管部门给予或者责令给予降低岗位等级或者撤职的处分，对有关医务人员责令暂停6个月以上1年以下执业活动；造成严重后果的，对直接负责的主管人员和其他直接责任人员给予或者责令给予开除的处分，对有关医务人员由原发证部门吊销执业证书；构成犯罪的，依法追究刑事责任。

第四十六条　医疗机构将未通过技术评估和伦理审查的医疗新技术应用于临床的，由县级以上人民政府卫生主管部门没收违法所得，并处5万元以上10万元以下罚款，对直接负责的主管人员和其他直接责任人员给予或者责令给予降低岗位等级或者撤职的处分，对有关医务人员责令暂停6个月以上1年以下执业活动；情节严重的，对直接负责的主管人员和其他直接责任人员给予或者责令给予开除的处分，对有关医务人员由原发证部门吊销执业证书；构成犯罪的，依法追究刑事责任。

第四十七条　医疗机构及其医务人员有下列情形之一的，由县级以上人民政府卫生主管部门责令改正，给予警告，并处 1 万元以上 5 万元以下罚款；情节严重的，对直接负责的主管人员和其他直接责任人员给予或者责令给予降低岗位等级或者撤职的处分，对有关医务人员可以责令暂停 1 个月以上 6 个月以下执业活动；构成犯罪的，依法追究刑事责任：

（一）未按规定制定和实施医疗质量安全管理制度；

（二）未按规定告知患者病情、医疗措施、医疗风险、替代医疗方案等；

（三）开展具有较高医疗风险的诊疗活动，未提前预备应对方案防范突发风险；

（四）未按规定填写、保管病历资料，或者未按规定补记抢救病历；

（五）拒绝为患者提供查阅、复制病历资料服务；

（六）未建立投诉接待制度、设置统一投诉管理部门或者配备专（兼）职人员；

（七）未按规定封存、保管、启封病历资料和现场实物；

（八）未按规定向卫生主管部门报告重大医疗纠纷；

（九）其他未履行本条例规定义务的情形。

第四十八条　医学会、司法鉴定机构出具虚假医疗损害鉴定意见的，由县级以上人民政府卫生、司法行政部门依据职责没收违法所得，并处 5 万元以上 10 万元以下罚款，对该医学会、司法鉴定机构和有关鉴定人员责令暂停 3 个月以上 1 年以下医疗损害鉴定业务，对直接负责的主管人员和其他直接责任人员给予或者责令给予降低岗位等级或者撤职的处分；情节严重的，该医学会、司法鉴定机构和有关鉴定人员5年内不得从事医疗损害鉴定业务或者撤销登记，对直接负责的主管人员和其他直接责任人员给予或者责令给予开除的处分；构成犯罪的，依法追究刑事责任。

第四十九条　尸检机构出具虚假尸检报告的，由县级以上人民政府卫生、司法行政部门依据职责没收违法所得，并处5万元以上10万元以下罚款，对该尸检机构和有关尸检专业技术人员责令暂停3个月以上1年以下尸检业务，对直接负责的主管人员和其他直接责任人员给予或者责令给予降低岗位等级或者撤职的处分；情节严重的，撤销该尸检机构和有关尸检专业技术人员的尸检资格，对直接负责的主管人员和其他直接责任人员给予或者责令给予开除的处分；构成犯罪的，依法追究刑事责任。

第五十条　医疗纠纷人民调解员有下列行为之一的，由医疗纠纷人民调解委员会给予批评教育、责令改正；情节严重的，依法予以解聘：

（一）偏袒一方当事人；

（二）侮辱当事人；

（三）索取、收受财物或者牟取其他不正当利益；

（四）泄露医患双方个人隐私等事项。

第五十一条　新闻媒体编造、散布虚假医疗纠纷信息的，由有关主管部门依法给予处罚；给公民、法人或者其他组织的合法权益造成损害的，依法承担消除影响、恢复名誉、赔偿损失、赔礼道歉等民事责任。

第五十二条　县级以上人民政府卫生主管部门和其他有关部门及其工作人员在医疗纠纷预防和处理工作中，不履行职责或者滥用职权、玩忽职守、徇私舞弊的，由上级人民政府卫生等有关部门或者监察机关责令改正；依法对直接负责的主管人员和其他直接责任人员给予处分；构成犯罪的，依法追究刑事责任。

第五十三条　医患双方在医疗纠纷处理中，造成人身、财产或者其他损害的，依法承担民事责任；构成违反治安管理行为的，由公安机关依法给予治安管理处罚；构成犯罪的，依法追究刑事责任。

第五章　附　则

第五十四条　军队医疗机构的医疗纠纷预防和处理办法，由中央军委机关有关部门会同国务院卫生主管部门依据本条例制定。

第五十五条　对诊疗活动中医疗事故的行政调查处理，依照《医疗事故处理条例》的相关规定执行。

第五十六条　本条例自 2018 年 10 月 1 日起施行。

3. 医疗事故处理条例

《医疗事故处理条例》已经 2002 年 2 月 20 日国务院第 55 次常务会议通过，现予公布，自 2002 年 9 月 1 日起施行。

总理　朱镕基

二 00 二年四月四日

第一章　总则

第一条　为了正确处理医疗事故，保护患者和医疗机构及其医务人员的合法权益，维护医疗秩序，保障医疗安全，促进医学科学的发展，制定本条例。

第二条　本条例所称医疗事故，是指医疗机构及其医务人员在医疗活动中，违反医疗卫生管理法律、行政法规、部门规章和诊疗护理规范、常规，过失造成患者人身损害的事故。

第三条　处理医疗事故，应当遵循公开、公平、公正、及时、便民的原则，坚持实事求是的科学态度，做到事实清楚、定性准确、责任明确、处理恰当。

第四条　根据对患者人身造成的损害程度，医疗事故分为四级：

一级医疗事故：造成患者死亡、重度残疾的；

二级医疗事故：造成患者中度残疾、器官组织损伤导致严重功能障碍的；

三级医疗事故：造成患者轻度残疾、器官组织损伤导致一般功能障碍的；

四级医疗事故：造成患者明显人身损害的其他后果的。

具体分级标准由国务院卫生行政部门制定。

第二章　医疗事故的预防与处置

第五条　医疗机构及其医务人员在医疗活动中，必须严格遵守医疗卫生管理法律、行政法规、部门规章和诊疗护理规范、常规，恪守医疗服务职业道德。

第六条　医疗机构应当对其医务人员进行医疗卫生管理法律、行政法规、部门规章和诊疗护理规范、常规的培训和医疗服务职业道德教育。

第七条　医疗机构应当设置医疗服务质量监控部门或者配备专（兼）职人员，具体负责监督本医疗机构的医务人员的医疗服务工作，检查医务人员执业情况，接受患者对医疗服务的投诉，向其提供咨询服务。

第八条　医疗机构应当按照国务院卫生行政部门规定的要求，书写并妥善保管病历资料。

因抢救急危患者，未能及时书写病历的，有关医务人员应当在抢救结束后 6 小时内据实补记，并加以注明。

第九条　严禁涂改、伪造、隐匿、销毁或者抢夺病历资料。

第十条　患者有权复印或者复制其门诊病历、住院志、体温单、医嘱单、化验单（检验报告）、医学影像检查资料、特殊检查同意书、手术同意书、手术及麻醉记录单、病理资料、护理记录以及国务院卫生行政部门规定的其他病历资料。

患者依照前款规定要求复印或者复制病历资料的，医疗机构应当提供复印或者复制服务并在复印或者复制的病历资料上加盖证明印记。复印或者复制病历资料时，应当有患者在场。

医疗机构应患者的要求，为其复印或者复制病历资料，可以按照规定收取工本费。具体收费标准由省、自治区、直辖市人民政府价格主管部门会同同级卫生行政部门规定。

第十一条　在医疗活动中，医疗机构及其医务人员应当将患者的病情、医疗措施、医疗风险等如实告知患者，及时解答其咨询；但是，应当避免对患者产生不利后果。

第十二条　医疗机构应当制定防范、处理医疗事故的预案，预防医疗事故的发生，减轻医疗事故的损害。

第十三条　医务人员在医疗活动中发生或者发现医疗事故、可能引起医疗事故的医疗过失行为或者发生医疗事故争议的，应当立即向所在科室负责人报告，科室负责人应当及时向本医疗机构负责医疗服务质量监控的部门或者专（兼）职人员报告；负责医疗服务质量监控的部门或者专（兼）职人员接到报告后，应当立即进行调查、核实，将有关情况如实向本医疗机构的负责人报告，并向患者通报、解释。

第十四条　发生医疗事故的，医疗机构应当按照规定向所在地卫生行政部门报告。

发生下列重大医疗过失行为的，医疗机构应当在 12 小时内向所在地卫生行政部门报告：

（一）导致患者死亡或者可能为二级以上的医疗事故；

（二）导致 3 人以上人身损害后果；

（三）国务院卫生行政部门和省、自治区、直辖市人民政府卫生行政部门规定的其他情形。

第十五条　发生或者发现医疗过失行为，医疗机构及其医务人员应当立即采取有效措施，避免或者减轻对患者身体健康的损害，防止损害扩大。

第十六条　发生医疗事故争议时，死亡病例讨论记录、疑难病例讨论记录、上级医师查房记录、会诊意见、病程记录应当在医患双方在场的情况下封存和启封。封存的病历资料可以是复印件，由医疗机构保管。

第十七条　疑似输液、输血、注射、药物等引起不良后果的，医患双方应当共同对现场实物进行封存和启封，封存的现场实物由医疗机构保管；需要检验的，应当由双方共同指定的、依法具有检验资格的检验机构进行检验；双方无法共同指定时，由卫生行政部门指定。

疑似输血引起不良后果，需要对血液进行封存保留的，医疗机构应当通知提供该血液的采供血机构派员到场。

第十八条　患者死亡，医患双方当事人不能确定死因或者对死因有异议的，应当在患者死亡后 48 小时内进行尸检；具备尸体冻存条件的，可以延长至 7 日。尸检应当经死者近亲属同意并签字。

尸检应当由按照国家有关规定取得相应资格的机构和病理解剖专业技术人员进行。承担尸检任务的机构和病理解剖专业技术人员有进行尸检的义务。

医疗事故争议双方当事人可以请法医病理学人员参加尸检，也可以委派代表观察尸检过程。拒绝或者拖延尸检，超过规定时间，影响对死因判定的，由拒绝或者拖延的一方承担责任。

第十九条　患者在医疗机构内死亡的，尸体应当立即移放太平间。死者尸体存放时间一般不得超过2周。逾期不处理的尸体，经医疗机构所在地卫生行政部门批准，并报经同级公安部门备案后，由医疗机构按照规定进行处理。

第三章　医疗事故的技术鉴定

第二十条　卫生行政部门接到医疗机构关于重大医疗过失行为的报告或者医疗事故争议当事人要求处理医疗事故争议的申请后，对需要进行医疗事故技术鉴定的，应当交由负责医疗事故技术鉴定工作的医学会组织鉴定；医患双方协商解决医疗事故争议，需要进行医疗事故技术鉴定的，由双方当事人共同委托负责医疗事故技术鉴定工作的医学会组织鉴定。

第二十一条　设区的市级地方医学会和省、自治区、直辖市直接管辖的县（市）地方医学会负责组织首次医疗事故技术鉴定工作。省、自治区、直辖市地方医学会负责组织再次鉴定工作。

必要时，中华医学会可以组织疑难、复杂并在全国有重大影响的医疗事故争议的技术鉴定工作。

第二十二条　当事人对首次医疗事故技术鉴定结论不服的，可以自收到首次鉴定结论之日起15日内向医疗机构所在地卫生行政部门提出再次鉴定的申请。

第二十三条　负责组织医疗事故技术鉴定工作的医学会应当建立专家库。

专家库由具备下列条件的医疗卫生专业技术人员组成：

（一）有良好的业务素质和执业品德；

（二）受聘于医疗卫生机构或者医学教学、科研机构并担任相应专业高级技术职务 3 年以上。

符合前款第（一）项规定条件并具备高级技术任职资格的法医可以受聘进入专家库。

负责组织医疗事故技术鉴定工作的医学会依照本条例规定聘请医疗卫生专业技术人员和法医进入专家库，可以不受行政区域的限制。

第二十四条　医疗事故技术鉴定，由负责组织医疗事故技术鉴定工作的医学会组织专家鉴定组进行。

参加医疗事故技术鉴定的相关专业的专家，由医患双方在医学会主持下从专家库中随机抽取。在特殊情况下，医学会根据医疗事故技术鉴定工作的需要，可以组织医患双方在其他医学会建立的专家库中随机抽取相关专业的专家参加鉴定或者函件咨询。

符合本条例第二十三条规定条件的医疗卫生专业技术人员和法医有义务受聘进入专家库，并承担医疗事故技术鉴定工作。

第二十五条　专家鉴定组进行医疗事故技术鉴定，实行合议制。专家鉴定组人数为单数，涉及的主要学科的专家一般不得少于鉴定组成员的二分之一；涉及死因、伤残等级鉴定的，并应当从专家库中随机抽取法医参加专家鉴定组。

第二十六条　专家鉴定组成员有下列情形之一的，应当回避，当事人也可以以口头或者书面的方式申请其回避：

（一）是医疗事故争议当事人或者当事人的近亲属的；

（二）与医疗事故争议有利害关系的；

（三）与医疗事故争议当事人有其他关系，可能影响公正鉴定的。

第二十七条　专家鉴定组依照医疗卫生管理法律、行政法规、部门规章和诊疗护理规范、常规，运用医学科学原理和专业知识，独立进行医疗事故技术鉴定，对医疗事故进行鉴别和判定，为处理医疗事故争议提供医学依据。

任何单位或者个人不得干扰医疗事故技术鉴定工作，不得威胁、利诱、辱骂、殴打专家鉴定组成员。

专家鉴定组成员不得接受双方当事人的财物或者其他利益。

第二十八条　负责组织医疗事故技术鉴定工作的医学会应当自受理医疗事故技术鉴定之日起5日内通知医疗事故争议双方当事人提交进行医疗事故技术鉴定所需的材料。

当事人应当自收到医学会的通知之日起10日内提交有关医疗事故技术鉴定的材料、书面陈述及答辩。医疗机构提交的有关医疗事故技术鉴定的材料应当包括下列内容：

（一）住院患者的病程记录、死亡病例讨论记录、疑难病例讨论记录、会诊意见、上级医师查房记录等病历资料原件；

（二）住院患者的住院志、体温单、医嘱单、化验单（检验报告）、医学影像检查资料、特殊检查同意书、手术同意书、手术及麻醉记录单、病理资料、护理记录等病历资料原件；

（三）抢救急危患者，在规定时间内补记的病历资料原件；

（四）封存保留的输液、注射用物品和血液、药物等实物，或者依法具有检验资格的检验机构对这些物品、实物作出的检验报告；

（五）与医疗事故技术鉴定有关的其他材料。

在医疗机构建有病历档案的门诊、急诊患者，其病历资料由医疗机构提供；没有在医疗机构建立病历档案的，由患者提供。

医患双方应当依照本条例的规定提交相关材料。医疗机构无正当理由未依照本条例的规定如实提供相关材料，导致医疗事故技术鉴定不能进行的，应当承担责任。

第二十九条　负责组织医疗事故技术鉴定工作的医学会应当自接到当事人提交的有关医疗事故技术鉴定的材料、书面陈述及答辩之日起 45 日内组织鉴定并出具医疗事故技术鉴定书。

负责组织医疗事故技术鉴定工作的医学会可以向双方当事人调查取证。

第三十条　专家鉴定组应当认真审查双方当事人提交的材料，听取双方当事人的陈述及答辩并进行核实。

双方当事人应当按照本条例的规定如实提交进行医疗事故技术鉴定所需要的材料，并积极配合调查。当事人任何一方不予配合，影响医疗事故技术鉴定的，由不予配合的一方承担责任。

第三十一条　专家鉴定组应当在事实清楚、证据确凿的基础上，综合分析患者的病情和个体差异，作出鉴定结论，并制作医疗事故技术鉴定书。鉴定结论以专家鉴定组成员的过半数通过。鉴定过程应当如实记载。

医疗事故技术鉴定书应当包括下列主要内容：

（一）双方当事人的基本情况及要求；

（二）当事人提交的材料和负责组织医疗事故技术鉴定工作的医学会的调查材料；

（三）对鉴定过程的说明；

（四）医疗行为是否违反医疗卫生管理法律、行政法规、部门规章和诊疗护理规范、常规；

（五）医疗过失行为与人身损害后果之间是否存在因果关系；

（六）医疗过失行为在医疗事故损害后果中的责任程度；

（七）医疗事故等级；

（八）对医疗事故患者的医疗护理医学建议。

第三十二条　医疗事故技术鉴定办法由国务院卫生行政部门制定。

第三十三条　有下列情形之一的，不属于医疗事故：

（一）在紧急情况下为抢救垂危患者生命而采取紧急医学措施造成不良后果的；

（二）在医疗活动中由于患者病情异常或者患者体质特殊而发生医疗意外的；

（三）在现有医学科学技术条件下，发生无法预料或者不能防范的不良后果的；

（四）无过错输血感染造成不良后果的；

（五）因患方原因延误诊疗导致不良后果的；

（六）因不可抗力造成不良后果的。

第三十四条　医疗事故技术鉴定，可以收取鉴定费用。经鉴定，属于医疗事故的，鉴定费用由医疗机构支付；不属于医疗事故的，鉴定费用由提出医疗事故处理申请的一方支付。鉴定费用标准由省、自治区、直辖市人民政府价格主管部门会同同级财政部门、卫生行政部门规定。

第四章　医疗事故的行政处理与监督

第三十五条　卫生行政部门应当依照本条例和有关法律、行政法规、部门规章的规定，对发生医疗事故的医疗机构和医务人员作出行政处理。

第三十六条　卫生行政部门接到医疗机构关于重大医疗过失行为的报告后，除责令医疗机构及时采取必要的医疗救治措施，防止损害后果扩大外，应当组织调查，判定是否属于医疗事故；对不能判定是否属于医疗事故的，应当依照本条例的有关规定交由负责医疗事故技术鉴定工作的医学会组织鉴定。

第三十七条　发生医疗事故争议，当事人申请卫生行政部门处理的，应当提出书面申请。申请书应当载明申请人的基本情况、有关事实、具体请求及理由等。

当事人自知道或者应当知道其身体健康受到损害之日起 1 年内，可以向卫生行政部门提出医疗事故争议处理申请。

第三十八条　发生医疗事故争议，当事人申请卫生行政部门处理的，由医疗机构所在地的县级人民政府卫生行政部门受理。医疗机构所在地是直辖市的，由医疗机构所在地的区、县人民政府卫生行政部门受理。

有下列情形之一的，县级人民政府卫生行政部门应当自接到医疗机构的报告或者当事人提出医疗事故争议处理申请之日起 7 日内移送上一级人民政府卫生行政部门处理：

（一）患者死亡；

（二）可能为二级以上的医疗事故；

（三）国务院卫生行政部门和省、自治区、直辖市人民政府卫生行政部门规定的其他情形。

第三十九条　卫生行政部门应当自收到医疗事故争议处理申请之日起 10 日内进行审查，作出是否受理的决定。对符合本条例规定，予以受理，需要进行医疗事故技术鉴定的，应当自作出受理决定之日起 5 日内将有关材料交由负责医疗事故技术鉴定工作的医学会组织鉴定并书面通知申请人；对不符合本条例规定，不予受理的，应当书面通知申请人并说明理由。

当事人对首次医疗事故技术鉴定结论有异议，申请再次鉴定的，卫生行政部门应当自收到申请之日起 7 日内交由省、自治区、直辖市地方医学会组织再次鉴定。

第四十条　当事人既向卫生行政部门提出医疗事故争议处理申请，又向人民法院提起诉讼的，卫生行政部门不予受理；卫生行政部门已经受理的，应当终止处理。

第四十一条　卫生行政部门收到负责组织医疗事故技术鉴定工作的医学会出具的医疗事故技术鉴定书后，应当对参加鉴定的人员资格和专业类别、鉴定程序进行审核；必要时，可以组织调查，听取医疗事故争议双方当事人的意见。

第四十二条　卫生行政部门经审核，对符合本条例规定作出的医疗事故技术鉴定结论，应当作为对发生医疗事故的医疗机构和医务人员作出行政处理以及进行医疗事故赔偿调解的依据；经审核，发现医疗事故技术鉴定不符合本条例规定的，应当要求重新鉴定。

第四十三条　医疗事故争议由双方当事人自行协商解决的，医疗机构应当自协商解决之日起 7 日内向所在地卫生行政部门作出书面报告，并附具协议书。

第四十四条　医疗事故争议经人民法院调解或者判决解决的，医疗机构应当自收到生效的人民法院的调解书或者判决书之日起 7 日内向所在地卫生行政部门作出书面报告，并附具调解书或者判决书。

第四十五条　县级以上地方人民政府卫生行政部门应当按照规定逐级将当地发生的医疗事故以及依法对发生医疗事故的医疗机构和医务人员作出行政处理的情况，上报国务院卫生行政部门。

第五章　医疗事故的赔偿

第四十六条　发生医疗事故的赔偿等民事责任争议，医患双方可以协商解决；不愿意协商或者协商不成的，当事人可以向卫生行政部门提出调解申请，也可以直接向人民法院提起民事诉讼。

第四十七条　双方当事人协商解决医疗事故的赔偿等民事责任争议的，应当制作协议书。协议书应当载明双方当事人的基本情况和医疗事故的原因、双方当事人共同认定的医疗事故等级以及协商确定的赔偿数额等，并由双方当事人在协议书上签名。

第四十八条　已确定为医疗事故的，卫生行政部门应医疗事故争议双方当事人请求，可以进行医疗事故赔偿调解。调解时，应当遵循当事人双方自愿原则，并应当依据本条例的规定计算赔偿数额。

经调解，双方当事人就赔偿数额达成协议的，制作调解书，双方当事人应当履行；调解不成或者经调解达成协议后一方反悔的，卫生行政部门不再调解。

第四十九条　医疗事故赔偿，应当考虑下列因素，确定具体赔偿数额：

（一）医疗事故等级；

（二）医疗过失行为在医疗事故损害后果中的责任程度；

（三）医疗事故损害后果与患者原有疾病状况之间的关系。

不属于医疗事故的，医疗机构不承担赔偿责任。

第五十条　医疗事故赔偿，按照下列项目和标准计算：

（一）医疗费：按照医疗事故对患者造成的人身损害进行治疗所发生的医疗费用计算，凭据支付，但不包括原发病医疗费用。结案后确实需要继续治疗的，按照基本医疗费用支付。

（二）误工费：患者有固定收入的，按照本人因误工减少的固定收入计算，对收入高于医疗事故发生地上一年度职工年平均工资 3 倍以上的，按照 3 倍计算；无固定收入的，按照医疗事故发生地上一年度职工年平均工资计算。

（三）住院伙食补助费：按照医疗事故发生地国家机关一般工作人

员的出差伙食补助标准计算。

（四）陪护费：患者住院期间需要专人陪护的，按照医疗事故发生地上一年度职工年平均工资计算。

（五）残疾生活补助费：根据伤残等级，按照医疗事故发生地居民年平均生活费计算，自定残之月起最长赔偿 30 年；但是，60 周岁以上的，不超过 15 年；70 周岁以上的，不超过 5 年。

（六）残疾用具费：因残疾需要配置补偿功能器具的，凭医疗机构证明，按照普及型器具的费用计算。

（七）丧葬费：按照医疗事故发生地规定的丧葬费补助标准计算。

（八）被扶养人生活费：以死者生前或者残疾者丧失劳动能力前实际扶养且没有劳动能力的人为限，按照其户籍所在地或者居所地居民最低生活保障标准计算。对不满 16 周岁的，扶养到 16 周岁。对年满 16 周岁但无劳动能力的，扶养 20 年；但是，60 周岁以上的，不超过 15 年；70 周岁以上的，不超过 5 年。

（九）交通费：按照患者实际必需的交通费用计算，凭据支付。

（十）住宿费：按照医疗事故发生地国家机关一般工作人员的出差住宿补助标准计算，凭据支付。

（十一）精神损害抚慰金：按照医疗事故发生地居民年平均生活费计算。造成患者死亡的，赔偿年限最长不超过 6 年；造成患者残疾的，赔偿年限最长不超过 3 年。

第五十一条　参加医疗事故处理的患者近亲属所需交通费、误工费、住宿费，参照本条例第五十条的有关规定计算，计算费用的人数不超过 2 人。

医疗事故造成患者死亡的，参加丧葬活动的患者的配偶和直系亲属所需交通费、误工费、住宿费，参照本条例第五十条的有关规定计算，计算费用的人数不超过2人。

第五十二条　医疗事故赔偿费用，实行一次性结算，由承担医疗事故责任的医疗机构支付。

第六章　罚则

第五十三条　卫生行政部门的工作人员在处理医疗事故过程中违反本条例的规定，利用职务上的便利收受他人财物或者其他利益，滥用职权，玩忽职守，或者发现违法行为不予查处，造成严重后果的，依照刑法关于受贿罪、滥用职权罪、玩忽职守罪或者其他有关罪的规定，依法追究刑事责任；尚不够刑事处罚的，依法给予降级或者撤职的行政处分。

第五十四条　卫生行政部门违反本条例的规定，有下列情形之一的，由上级卫生行政部门给予警告并责令限期改正；情节严重的，对负有责任的主管人员和其他直接责任人员依法给予行政处分：

（一）接到医疗机构关于重大医疗过失行为的报告后，未及时组织调查的；

（二）接到医疗事故争议处理申请后，未在规定时间内审查或者移送上一级人民政府卫生行政部门处理的；

（三）未将应当进行医疗事故技术鉴定的重大医疗过失行为或者医疗事故争议移交医学会组织鉴定的；

（四）未按照规定逐级将当地发生的医疗事故以及依法对发生医疗事故的医疗机构和医务人员的行政处理情况上报的；

（五）未依照本条例规定审核医疗事故技术鉴定书的。

第五十五条　医疗机构发生医疗事故的，由卫生行政部门根据医疗事故等级和情节，给予警告；情节严重的，责令限期停业整顿直至由原发证部门吊销执业许可证，对负有责任的医务人员依照 刑法关于医疗事故罪的规定，依法追究刑事责任；尚不够刑事处罚的，依法给予行政处分或者纪律处分。

对发生医疗事故的有关医务人员，除依照前款处罚外，卫生行政部门并可以责令暂停 6 个月以上 1 年以下执业活动；情节严重的，吊销其执业证书。

第五十六条　医疗机构违反本条例的规定，有下列情形之一的，由卫生行政部门责令改正；情节严重的，对负有责任的主管人员和其他直接责任人员依法给予行政处分或者纪律处分：

（一）未如实告知患者病情、医疗措施和医疗风险的；

（二）没有正当理由，拒绝为患者提供复印或者复制病历资料服务的；

（三）未按照国务院卫生行政部门规定的要求书写和妥善保管病历资料的；

（四）未在规定时间内补记抢救工作病历内容的；

（五）未按照本条例的规定封存、保管和启封病历资料和实物的；

（六）未设置医疗服务质量监控部门或者配备专（兼）职人员的；

（七）未制定有关医疗事故防范和处理预案的；

（八）未在规定时间内向卫生行政部门报告重大医疗过失行为的；

（九）未按照本条例的规定向卫生行政部门报告医疗事故的；

（十）未按照规定进行尸检和保存、处理尸体的。

第五十七条　参加医疗事故技术鉴定工作的人员违反本条例的规定，接受申请鉴定双方或者一方当事人的财物或者其他利益，出具虚假医疗事故技术鉴定书，造成严重后果的，依照 刑法关于受贿罪的规定，依法追究刑事责任；尚不够刑事处罚的，由原发证部门吊销其执业证书或者资格证书。

第五十八条　医疗机构或者其他有关机构违反本条例的规定，有下列情形之一的，由卫生行政部门责令改正，给予警告；对负有责任的主管人员和其他直接责任人员依法给予行政处分或者纪律处分；情节严重的，由原发证部门吊销其执业证书或者资格证书：

（一）承担尸检任务的机构没有正当理由，拒绝进行尸检的；

（二）涂改、伪造、隐匿、销毁病历资料的。

第五十九条　以医疗事故为由，寻衅滋事、抢夺病历资料，扰乱医疗机构正常医疗秩序和医疗事故技术鉴定工作，依照 刑法关于扰乱社会秩序罪的规定，依法追究刑事责任；尚不够刑事处罚的，依法给予治安管理处罚。

第七章　附　　则

第六十条　本条例所称医疗机构，是指依照《医疗机构管理条例》的规定取得《医疗机构执业许可证》的机构。

县级以上城市从事计划生育技术服务的机构依照《计划生育技术服务管理条例》的规定开展与计划生育有关的临床医疗服务，发生的计划生育技术服务事故，依照本条例的有关规定处理；但是，其中不属于医疗机构的县级以上城市从事计划生育技术服务的机构发生的计划生育技术服务事故，由计划生育行政部门行使依照本条例有关规定由卫生行政部门承担的受理、交由负责医疗事故技术鉴定工作的医学会组织鉴定和赔偿调解的职能；对发生计划生育技术服务事故的该机构及其有关责任人员，依法进行处理。

第六十一条　非法行医，造成患者人身损害，不属于医疗事故，触犯刑律的，依法追究刑事责任；有关赔偿，由受害人直接向人民法院提起诉讼。

第六十二条　军队医疗机构的 医疗事故处理办法，由中国人民解放军卫生主管部门会同国务院卫生行政部门依据本条例制定。

第六十三条　本条例自2002年9月1日起施行。1987年6月29日国务院发布的《医疗事故处理办法》同时废止。本条例施行前已经处理结案的医疗事故争议，不再重新处理。

4. 司法鉴定程序通则

中华人民共和国司法部令

第132号

《司法鉴定程序通则》已经2015年12月24日司法部部务会议修订通过，现将修订后的《司法鉴定程序通则》发布，自2016年5月1日起施行。

部长　吴爱英

2016年3月2日

第一章　总　则

第一条　为了规范司法鉴定机构和司法鉴定人的司法鉴定活动，保障司法鉴定质量，保障诉讼活动的顺利进行，根据《全国人民代表大会常务委员会关于司法鉴定管理问题的决定》和有关法律、法规的规定，制定本通则。

第二条　司法鉴定是指在诉讼活动中鉴定人运用科学技术或者专门知识对诉讼涉及的专门性问题进行鉴别和判断并提供鉴定意见的活动。司法鉴定程序是指司法鉴定机构和司法鉴定人进行司法鉴定活动的方式、步骤以及相关规则的总称。

第三条　本通则适用于司法鉴定机构和司法鉴定人从事各类司法鉴定业务的活动。

第四条　司法鉴定机构和司法鉴定人进行司法鉴定活动，应当遵守法律、法规、规章，遵守职业道德和执业纪律，尊重科学，遵守技术操作规范。

第五条　司法鉴定实行鉴定人负责制度。司法鉴定人应当依法独立、客观、公正地进行鉴定，并对自己作出的鉴定意见负责。司法鉴定人不得违反规定会见诉讼当事人及其委托的人。

第六条　司法鉴定机构和司法鉴定人应当保守在执业活动中知悉的国家秘密、商业秘密，不得泄露个人隐私。

第七条　司法鉴定人在执业活动中应当依照有关诉讼法律和本通则规定实行回避。

第八条　司法鉴定收费执行国家有关规定。

第九条　司法鉴定机构和司法鉴定人进行司法鉴定活动应当依法接受监督。对于有违反有关法律、法规、规章规定行为的，由司法行政机关依法给予相应的行政处罚；对于有违反司法鉴定行业规范行为的，由司法鉴定协会给予相应的行业处分。

第十条　司法鉴定机构应当加强对司法鉴定人执业活动的管理和监督。司法鉴定人违反本通则规定的，司法鉴定机构应当予以纠正。

第二章　司法鉴定的委托与受理

第十一条　司法鉴定机构应当统一受理办案机关的司法鉴定委托。

第十二条　委托人委托鉴定的，应当向司法鉴定机构提供真实、完整、充分的鉴定材料，并对鉴定材料的真实性、合法性负责。司法鉴定机构应当核对并记录鉴定材料的名称、种类、数量、性状、保存状况、收到时间等。

诉讼当事人对鉴定材料有异议的，应当向委托人提出。

本通则所称鉴定材料包括生物检材和非生物检材、比对样本材料以及其他与鉴定事项有关的鉴定资料。

第十三条　司法鉴定机构应当自收到委托之日起七个工作日内作出是否受理的决定。对于复杂、疑难或者特殊鉴定事项的委托，司法鉴定机构可以与委托人协商决定受理的时间。

第十四条　司法鉴定机构应当对委托鉴定事项、鉴定材料等进行审查。对属于本机构司法鉴定业务范围，鉴定用途合法，提供的鉴定材料能够满足鉴定需要的，应当受理。

对于鉴定材料不完整、不充分，不能满足鉴定需要的，司法鉴定机构可以要求委托人补充；经补充后能够满足鉴定需要的，应当受理。

第十五条　具有下列情形之一的鉴定委托，司法鉴定机构不得受理：

（一）委托鉴定事项超出本机构司法鉴定业务范围的；

（二）发现鉴定材料不真实、不完整、不充分或者取得方式不合法的；

（三）鉴定用途不合法或者违背社会公德的；

（四）鉴定要求不符合司法鉴定执业规则或者相关鉴定技术规范的；

（五）鉴定要求超出本机构技术条件或者鉴定能力的；

（六）委托人就同一鉴定事项同时委托其他司法鉴定机构进行鉴定的；

（七）其他不符合法律、法规、规章规定的情形。

第十六条　司法鉴定机构决定受理鉴定委托的，应当与委托人签订司法鉴定委托书。司法鉴定委托书应当载明委托人名称、司法鉴定机构名称、委托鉴定事项、是否属于重新鉴定、鉴定用途、与鉴定有关的基本案情、鉴定材料的提供和退还、鉴定风险，以及双方商定的鉴定时限、鉴定费用及收取方式、双方权利义务等其他需要载明的事项。

第十七条　司法鉴定机构决定不予受理鉴定委托的，应当向委托人说明理由，退还鉴定材料。

第三章　司法鉴定的实施

第十八条　司法鉴定机构受理鉴定委托后，应当指定本机构具有该鉴定事项执业资格的司法鉴定人进行鉴定。

委托人有特殊要求的，经双方协商一致，也可以从本机构中选择符合条件的司法鉴定人进行鉴定。

委托人不得要求或者暗示司法鉴定机构、司法鉴定人按其意图或者特定目的提供鉴定意见。

第十九条　司法鉴定机构对同一鉴定事项，应当指定或者选择二名司法鉴定人进行鉴定；对复杂、疑难或者特殊鉴定事项，可以指定或者选择多名司法鉴定人进行鉴定。

第二十条　司法鉴定人本人或者其近亲属与诉讼当事人、鉴定事项涉及的案件有利害关系，可能影响其独立、客观、公正进行鉴定的，应当回避。

司法鉴定人曾经参加过同一鉴定事项鉴定的，或者曾经作为专家提供过咨询意见的，或者曾被聘请为有专门知识的人参与过同一鉴定事项法庭质证的，应当回避。

第二十一条　司法鉴定人自行提出回避的，由其所属的司法鉴定机构决定；委托人要求司法鉴定人回避的，应当向该司法鉴定人所属的司法鉴定机构提出，由司法鉴定机构决定。

委托人对司法鉴定机构作出的司法鉴定人是否回避的决定有异议的，可以撤销鉴定委托。

第二十二条　司法鉴定机构应当建立鉴定材料管理制度，严格监控鉴定材料的接收、保管、使用和退还。

司法鉴定机构和司法鉴定人在鉴定过程中应当严格依照技术规范保管和使用鉴定材料，因严重不负责任造成鉴定材料损毁、遗失的，应当依法承担责任。

第二十三条　司法鉴定人进行鉴定，应当依下列顺序遵守和采用该专业领域的技术标准、技术规范和技术方法：

（一）国家标准；

（二）行业标准和技术规范；

（三）该专业领域多数专家认可的技术方法。

第二十四条　司法鉴定人有权了解进行鉴定所需要的案件材料，可以查阅、复制相关资料，必要时可以询问诉讼当事人、证人。

经委托人同意，司法鉴定机构可以派员到现场提取鉴定材料。现场提取鉴定材料应当由不少于二名司法鉴定机构的工作人员进行，其中至少一名应为该鉴定事项的司法鉴定人。现场提取鉴定材料时，应当有委托人指派或者委托的人员在场见证并在提取记录上签名。

第二十五条　鉴定过程中，需要对无民事行为能力人或者限制民事行为能力人进行身体检查的，应当通知其监护人或者近亲属到场见证；必要时，可以通知委托人到场见证。

对被鉴定人进行法医精神病鉴定的，应当通知委托人或者被鉴定人的近亲属或者监护人到场见证。

对需要进行尸体解剖的，应当通知委托人或者死者的近亲属或者监护人到场见证。

到场见证人员应当在鉴定记录上签名。见证人员未到场的，司法鉴定人不得开展相关鉴定活动，延误时间不计入鉴定时限。

第二十六条　鉴定过程中，需要对被鉴定人身体进行法医临床检查的，应当采取必要措施保护其隐私。

第二十七条　司法鉴定人应当对鉴定过程进行实时记录并签名。记录可以采取笔记、录音、录像、拍照等方式。记录应当载明主要的鉴定方法和过程，检查、检验、检测结果，以及仪器设备使用情况等。记录的内容应当真实、客观、准确、完整、清晰，记录的文本资料、音像资料等应当存入鉴定档案。

第二十八条　司法鉴定机构应当自司法鉴定委托书生效之日起三十个工作日内完成鉴定。

鉴定事项涉及复杂、疑难、特殊技术问题或者鉴定过程需要较长时间的，经本机构负责人批准，完成鉴定的时限可以延长，延长时限一般不得超过三十个工作日。鉴定时限延长的，应当及时告知委托人。

司法鉴定机构与委托人对鉴定时限另有约定的，从其约定。

在鉴定过程中补充或者重新提取鉴定材料所需的时间，不计入鉴定时限。

第二十九条　司法鉴定机构在鉴定过程中，有下列情形之一的，可以终止鉴定：

（一）发现有本通则第十五条第二项至第七项规定情形的；

（二）鉴定材料发生耗损，委托人不能补充提供的；

（三）委托人拒不履行司法鉴定委托书规定的义务、被鉴定人拒不配合或者鉴定活动受到严重干扰，致使鉴定无法继续进行的；

（四）委托人主动撤销鉴定委托，或者委托人、诉讼当事人拒绝支付鉴定费用的；

（五）因不可抗力致使鉴定无法继续进行的；

（六）其他需要终止鉴定的情形。

终止鉴定的，司法鉴定机构应当书面通知委托人，说明理由并退还鉴定材料。

第三十条　有下列情形之一的，司法鉴定机构可以根据委托人的要求进行补充鉴定：

（一）原委托鉴定事项有遗漏的；

（二）委托人就原委托鉴定事项提供新的鉴定材料的；

（三）其他需要补充鉴定的情形。

补充鉴定是原委托鉴定的组成部分，应当由原司法鉴定人进行。

第三十一条　有下列情形之一的，司法鉴定机构可以接受办案机关委托进行重新鉴定：

（一）原司法鉴定人不具有从事委托鉴定事项执业资格的；

（二）原司法鉴定机构超出登记的业务范围组织鉴定的；

（三）原司法鉴定人应当回避没有回避的；

（四）办案机关认为需要重新鉴定的；

（五）法律规定的其他情形。

第三十二条　重新鉴定应当委托原司法鉴定机构以外的其他司法鉴定机构进行；因特殊原因，委托人也可以委托原司法鉴定机构进行，但原司法鉴定机构应当指定原司法鉴定人以外的其他符合条件的司法鉴定人进行。

接受重新鉴定委托的司法鉴定机构的资质条件应当不低于原司法鉴定机构，进行重新鉴定的司法鉴定人中应当至少有一名具有相关专业高级专业技术职称。

第三十三条　鉴定过程中，涉及复杂、疑难、特殊技术问题的，可以向本机构以外的相关专业领域的专家进行咨询，但最终的鉴定意见应当由本机构的司法鉴定人出具。

专家提供咨询意见应当签名，并存入鉴定档案。

第三十四条　对于涉及重大案件或者特别复杂、疑难、特殊技术问题或者多个鉴定类别的鉴定事项，办案机关可以委托司法鉴定行业协会组织协调多个司法鉴定机构进行鉴定。

第三十五条　司法鉴定人完成鉴定后，司法鉴定机构应当指定具有相应资质的人员对鉴定程序和鉴定意见进行复核；对于涉及复杂、疑难、特殊技术问题或者重新鉴定的鉴定事项，可以组织三名以上的专家进行复核。

复核人员完成复核后，应当提出复核意见并签名，存入鉴定档案。

第四章　司法鉴定意见书的出具

第三十六条　司法鉴定机构和司法鉴定人应当按照统一规定的文本格式制作司法鉴定意见书。

第三十七条　司法鉴定意见书应当由司法鉴定人签名。多人参加的鉴定，对鉴定意见有不同意见的，应当注明。

第三十八条　司法鉴定意见书应当加盖司法鉴定机构的司法鉴定专用章。

第三十九条　司法鉴定意见书应当一式四份，三份交委托人收执，一份由司法鉴定机构存档。司法鉴定机构应当按照有关规定或者与委托人约定的方式，向委托人发送司法鉴定意见书。

第四十条　委托人对鉴定过程、鉴定意见提出询问的，司法鉴定机构和司法鉴定人应当给予解释或者说明。

第四十一条　司法鉴定意见书出具后，发现有下列情形之一的，司法鉴定机构可以进行补正：

（一）图像、谱图、表格不清晰的；

（二）签名、盖章或者编号不符合制作要求的；

（三）文字表达有瑕疵或者错别字，但不影响司法鉴定意见的。

补正应当在原司法鉴定意见书上进行，由至少一名司法鉴定人在补正处签名。必要时，可以出具补正书。

对司法鉴定意见书进行补正，不得改变司法鉴定意见的原意。

第四十二条　司法鉴定机构应当按照规定将司法鉴定意见书以及有关资料整理立卷、归档保管。

第五章　司法鉴定人出庭作证

第四十三条　经人民法院依法通知，司法鉴定人应当出庭作证，回答与鉴定事项有关的问题。

第四十四条　司法鉴定机构接到出庭通知后，应当及时与人民法院确认司法鉴定人出庭的时间、地点、人数、费用、要求等。

第四十五条　司法鉴定机构应当支持司法鉴定人出庭作证，为司法鉴定人依法出庭提供必要条件。

第四十六条　司法鉴定人出庭作证，应当举止文明，遵守法庭纪律。

第六章　附则

第四十七条　本通则是司法鉴定机构和司法鉴定人进行司法鉴定活动应当遵守和采用的一般程序规则，不同专业领域对鉴定程序有特殊要求的，可以依据本通则制定鉴定程序细则。

第四十八条　本通则所称办案机关，是指办理诉讼案件的侦查机关、审查起诉机关和审判机关。

第四十九条　在诉讼活动之外，司法鉴定机构和司法鉴定人依法开展相关鉴定业务的，参照本通则规定执行。

第五十条　本通则自 2016 年 5 月 1 日起施行。司法部 2007 年 8 月 7 日发布的《司法鉴定程序通则》（司法部第 107 号令）同时废止。

5. 最高人民法院关于审理医疗损害责任纠纷案件适用法律若干问题的解释（2020 修正）

（2017 年 3 月 27 日由最高人民法院审判委员会第 1713 次会议通过，根据 2020 年 12 月 23 日最高人民法院审判委员会第 1823 次会议通过的《最高人民法院关于修改〈最高人民法院关于在民事审判工作中适用 <中华人民共和国工会法> 若干问题的解释〉等二十七件民事类司法解释的决定》修正）

为正确审理医疗损害责任纠纷案件，依法维护当事人的合法权益，推动构建和谐医患关系，促进卫生健康事业发展，根据《中华人民共和国民法典》《中华人民共和国民事诉讼法》等法律规定，结合审判实践，制定本解释。

第一条　患者以在诊疗活动中受到人身或者财产损害为由请求医疗机构，医疗产品的生产者、销售者、药品上市许可持有人或者血液提供机构承担侵权责任的案件，适用本解释。

患者以在美容医疗机构或者开设医疗美容科室的医疗机构实施的医疗美容活动中受到人身或者财产损害为由提起的侵权纠纷案件，适用本解释。

当事人提起的医疗服务合同纠纷案件，不适用本解释。

第二条　患者因同一伤病在多个医疗机构接受诊疗受到损害，起诉部分或者全部就诊的医疗机构的，应予受理。

患者起诉部分就诊的医疗机构后，当事人依法申请追加其他就诊的医疗机构为共同被告或者第三人的，应予准许。必要时，人民法院可以依法追加相关当事人参加诉讼。

第三条　患者因缺陷医疗产品受到损害，起诉部分或者全部医疗产品的生产者、销售者、药品上市许可持有人和医疗机构的，应予受理。

患者仅起诉医疗产品的生产者、销售者、药品上市许可持有人、医疗机构中部分主体，当事人依法申请追加其他主体为共同被告或者第三人的，应予准许。必要时，人民法院可以依法追加相关当事人参加诉讼。

患者因输入不合格的血液受到损害提起侵权诉讼的，参照适用前两款规定。

第四条　患者依据民法典第一千二百一十八条规定主张医疗机构承担赔偿责任的，应当提交到该医疗机构就诊、受到损害的证据。

患者无法提交医疗机构或者其医务人员有过错、诊疗行为与损害之间具有因果关系的证据，依法提出医疗损害鉴定申请的，人民法院应予准许。

医疗机构主张不承担责任的，应当就民法典第一千二百二十四条第一款规定情形等抗辩事由承担举证证明责任。

第五条　患者依据民法典第一千二百一十九条规定主张医疗机构承担赔偿责任的，应当按照前条第一款规定提交证据。

实施手术、特殊检查、特殊治疗的，医疗机构应当承担说明义务并取得患者或者患者近亲属明确同意，但属于民法典第一千二百二十条规定情形的除外。医疗机构提交患者或者患者近亲属明确同意证据的，人民法院可以认定医疗机构尽到说明义务，但患者有相反证据足以反驳的除外。

第六条　民法典第一千二百二十二条规定的病历资料包括医疗机构保管的门诊病历、住院志、体温单、医嘱单、检验报告、医学影像检查资料、特殊检查（治疗）同意书、手术同意书、手术及麻醉记录、病理资料、护理记录、出院记录以及国务院卫生行政主管部门规定的其他病历资料。

患者依法向人民法院申请医疗机构提交由其保管的与纠纷有关的病历资料等，医疗机构未在人民法院指定期限内提交的，人民法院可以依照民法典第一千二百二十二条第二项规定推定医疗机构有过错，但是因不可抗力等客观原因无法提交的除外。

第七条　患者依据民法典第一千二百二十三条规定请求赔偿的，应当提交使用医疗产品或者输入血液、受到损害的证据。

患者无法提交使用医疗产品或者输入血液与损害之间具有因果关系的证据，依法申请鉴定的，人民法院应予准许。

医疗机构，医疗产品的生产者、销售者、药品上市许可持有人或者血液提供机构主张不承担责任的，应当对医疗产品不存在缺陷或者血液合格等抗辩事由承担举证证明责任。

第八条　当事人依法申请对医疗损害责任纠纷中的专门性问题进行鉴定的，人民法院应予准许。

当事人未申请鉴定，人民法院对前款规定的专门性问题认为需要鉴定的，应当依职权委托鉴定。

第九条　当事人申请医疗损害鉴定的，由双方当事人协商确定鉴定人。

当事人就鉴定人无法达成一致意见，人民法院提出确定鉴定人的方法，当事人同意的，按照该方法确定；当事人不同意的，由人民法院指定。

鉴定人应当从具备相应鉴定能力、符合鉴定要求的专家中确定。

第十条　委托医疗损害鉴定的，当事人应当按照要求提交真实、完整、充分的鉴定材料。提交的鉴定材料不符合要求的，人民法院应当通知当事人更换或者补充相应材料。

在委托鉴定前，人民法院应当组织当事人对鉴定材料进行质证。

第十一条　委托鉴定书，应当有明确的鉴定事项和鉴定要求。鉴定人应当按照委托鉴定的事项和要求进行鉴定。

下列专门性问题可以作为申请医疗损害鉴定的事项：

(一)实施诊疗行为有无过错；

(二)诊疗行为与损害后果之间是否存在因果关系以及原因力大小；

(三)医疗机构是否尽到了说明义务、取得患者或者患者近亲属明确同意的义务；

(四)医疗产品是否有缺陷、该缺陷与损害后果之间是否存在因果关系以及原因力的大小；

(五)患者损伤残疾程度；

(六)患者的护理期、休息期、营养期；

(七)其他专门性问题。

鉴定要求包括鉴定人的资质、鉴定人的组成、鉴定程序、鉴定意见、鉴定期限等。

第十二条　鉴定意见可以按照导致患者损害的全部原因、主要原因、同等原因、次要原因、轻微原因或者与患者损害无因果关系，表述诊疗行为或者医疗产品等造成患者损害的原因力大小。

第十三条　鉴定意见应当经当事人质证。

当事人申请鉴定人出庭作证，经人民法院审查同意，或者人民法院认为鉴定人有必要出庭的，应当通知鉴定人出庭作证。双方当事人同意鉴定人通过书面说明、视听传输技术或者视听资料等方式作证的，可以准许。

鉴定人因健康原因、自然灾害等不可抗力或者其他正当理由不能按期出庭的，可以延期开庭；经人民法院许可，也可以通过书面说明、视听传输技术或者视听资料等方式作证。

无前款规定理由，鉴定人拒绝出庭作证，当事人对鉴定意见又不认可的，对该鉴定意见不予采信。

第十四条　当事人申请通知一至二名具有医学专门知识的人出庭，对鉴定意见或者案件的其他专门性事实问题提出意见，人民法院准许的，应当通知具有医学专门知识的人出庭。

前款规定的具有医学专门知识的人提出的意见，视为当事人的陈述，经质证可以作为认定案件事实的根据。

第十五条　当事人自行委托鉴定人作出的医疗损害鉴定意见，其他当事人认可的，可予采信。

当事人共同委托鉴定人作出的医疗损害鉴定意见，一方当事人不认可的，应当提出明确的异议内容和理由。经审查，有证据足以证明异议成立的，对鉴定意见不予采信；异议不成立的，应予采信。

第十六条　对医疗机构或者其医务人员的过错，应当依据法律、行政法规、规章以及其他有关诊疗规范进行认定，可以综合考虑患者病情的紧急程度、患者个体差异、当地的医疗水平、医疗机构与医务人员资质等因素。

第十七条　医务人员违反民法典第一千二百一十九条第一款规定义务，但未造成患者人身损害，患者请求医疗机构承担损害赔偿责任的，不予支持。

第十八条　因抢救生命垂危的患者等紧急情况且不能取得患者意见时，下列情形可以认定为民法典第一千二百二十条规定的不能取得患者近亲属意见：

（一）近亲属不明的；

（二）不能及时联系到近亲属的；

（三）近亲属拒绝发表意见的；

（四）近亲属达不成一致意见的；

（五）法律、法规规定的其他情形。

前款情形，医务人员经医疗机构负责人或者授权的负责人批准立即实施相应医疗措施，患者因此请求医疗机构承担赔偿责任的，不予支持；医疗机构及其医务人员怠于实施相应医疗措施造成损害，患者请求医疗机构承担赔偿责任的，应予支持。

第十九条　两个以上医疗机构的诊疗行为造成患者同一损害，患者请求医疗机构承担赔偿责任的，应当区分不同情况，依照民法典第一千一百六十八条、第一千一百七十一条或者第一千一百七十二条的规定，确定各医疗机构承担的赔偿责任。

第二十条　医疗机构邀请本单位以外的医务人员对患者进行诊疗，因受邀医务人员的过错造成患者损害的，由邀请医疗机构承担赔偿责任。

第二十一条　因医疗产品的缺陷或者输入不合格血液受到损害，患者请求医疗机构，缺陷医疗产品的生产者、销售者、药品上市许可持有人或者血液提供机构承担赔偿责任的，应予支持。

医疗机构承担赔偿责任后，向缺陷医疗产品的生产者、销售者、药品上市许可持有人或者血液提供机构追偿的，应予支持。

因医疗机构的过错使医疗产品存在缺陷或者血液不合格，医疗产品的生产者、销售者、药品上市许可持有人或者血液提供机构承担赔偿责任后，向医疗机构追偿的，应予支持。

第二十二条　缺陷医疗产品与医疗机构的过错诊疗行为共同造成患者同一损害，患者请求医疗机构与医疗产品的生产者、销售者、药品上市许可持有人承担连带责任的，应予支持。

医疗机构或者医疗产品的生产者、销售者、药品上市许可持有人承担赔偿责任后，向其他责任主体追偿的，应当根据诊疗行为与缺陷医疗产品造成患者损害的原因力大小确定相应的数额。

输入不合格血液与医疗机构的过错诊疗行为共同造成患者同一损害的，参照适用前两款规定。

第二十三条　医疗产品的生产者、销售者、药品上市许可持有人明知医疗产品存在缺陷仍然生产、销售，造成患者死亡或者健康严重损害，被侵权人请求生产者、销售者、药品上市许可持有人赔偿损失及二倍以下惩罚性赔偿的，人民法院应予支持。

第二十四条　被侵权人同时起诉两个以上医疗机构承担赔偿责任，人民法院经审理，受诉法院所在地的医疗机构依法不承担赔偿责任，其他医疗机构承担赔偿责任的，残疾赔偿金、死亡赔偿金的计算，按下列情形分别处理：

（一）一个医疗机构承担责任的，按照该医疗机构所在地的赔偿标准执行；

（二）两个以上医疗机构均承担责任的，可以按照其中赔偿标准较高的医疗机构所在地标准执行。

第二十五条　患者死亡后，其近亲属请求医疗损害赔偿的，适用本解释；支付患者医疗费、丧葬费等合理费用的人请求赔偿该费用的，适用本解释。

本解释所称的“医疗产品”包括药品、消毒产品、医疗器械等。

第二十六条　本院以前发布的司法解释与本解释不一致的，以本解释为准。

本解释施行后尚未终审的案件，适用本解释；本解释施行前已经终审，当事人申请再审或者按照审判监督程序决定再审的案件，不适用本解释。

6. 最高人民法院关于审理人身损害赔偿案件适用法律若干问题的解释（2020 年修正）

（2003 年 12 月 4 日由最高人民法院审判委员会第 1299 次会议通过，根据 2020 年 12 月 23 日最高人民法院审判委员会第 1823 次会议通过的《最高人民法院关于修改〈最高人民法院关于在民事审判工作中适用<中华人民共和国工会法>若干问题的解释〉等二十七件民事类司法解释的决定》修正）

为正确审理人身损害赔偿案件，依法保护当事人的合法权益，根据《中华人民共和国民法典》《中华人民共和国民事诉讼法》等有关法律规定，结合审判实践，制定本解释。

第一条　因生命、身体、健康遭受侵害，赔偿权利人起诉请求赔偿义务人赔偿物质损害和精神损害的，人民法院应予受理。

本条所称“赔偿权利人”，是指因侵权行为或者其他致害原因直接遭受人身损害的受害人以及死亡受害人的近亲属。

本条所称“赔偿义务人”，是指因自己或者他人的侵权行为以及其他致害原因依法应当承担民事责任的自然人、法人或者非法人组织。

第二条　赔偿权利人起诉部分共同侵权人的，人民法院应当追加其他共同侵权人作为共同被告。赔偿权利人在诉讼中放弃对部分共同侵权人的诉讼请求的，其他共同侵权人对被放弃诉讼请求的被告应当承担的赔偿份额不承担连带责任。责任范围难以确定的，推定各共同侵权人承担同等责任。

人民法院应当将放弃诉讼请求的法律后果告知赔偿权利人，并将放弃诉讼请求的情况在法律文书中叙明。

第三条　依法应当参加工伤保险统筹的用人单位的劳动者，因工伤事故遭受人身损害，劳动者或者其近亲属向人民法院起诉请求用人单位承担民事赔偿责任的，告知其按《工伤保险条例》的规定处理。

因用人单位以外的第三人侵权造成劳动者人身损害，赔偿权利人请求第三人承担民事赔偿责任的，人民法院应予支持。

第四条　无偿提供劳务的帮工人，在从事帮工活动中致人损害的，被帮工人应当承担赔偿责任。被帮工人承担赔偿责任后向有故意或者重大过失的帮工人追偿的，人民法院应予支持。被帮工人明确拒绝帮工的，不承担赔偿责任。

第五条　无偿提供劳务的帮工人因帮工活动遭受人身损害的，根据帮工人和被帮工人各自的过错承担相应的责任；被帮工人明确拒绝帮工的，被帮工人不承担赔偿责任，但可以在受益范围内予以适当补偿。

帮工人在帮工活动中因第三人的行为遭受人身损害的，有权请求第三人承担赔偿责任，也有权请求被帮工人予以适当补偿。被帮工人补偿后，可以向第三人追偿。

第六条　医疗费根据医疗机构出具的医药费、住院费等收款凭证，结合病历和诊断证明等相关证据确定。赔偿义务人对治疗的必要性和合理性有异议的，应当承担相应的举证责任。

医疗费的赔偿数额，按照一审法庭辩论终结前实际发生的数额确定。器官功能恢复训练所必要的康复费、适当的整容费以及其他后续治疗费，赔偿权利人可以待实际发生后另行起诉。但根据医疗证明或者鉴定结论确定必然发生的费用，可以与已经发生的医疗费一并予以赔偿。

第七条　误工费根据受害人的误工时间和收入状况确定。

误工时间根据受害人接受治疗的医疗机构出具的证明确定。受害人因伤致残持续误工的，误工时间可以计算至定残日前一天。

受害人有固定收入的，误工费按照实际减少的收入计算。受害人无固定收入的，按照其最近三年的平均收入计算；受害人不能举证证明其最近三年的平均收入状况的，可以参照受诉法院所在地相同或者相近行业上一年度职工的平均工资计算。

第八条　护理费根据护理人员的收入状况和护理人数、护理期限确定。

护理人员有收入的，参照误工费的规定计算；护理人员没有收入或者雇佣护工的，参照当地护工从事同等级别护理的劳务报酬标准计算。护理人员原则上为一人，但医疗机构或者鉴定机构有明确意见的，可以参照确定护理人员人数。

护理期限应计算至受害人恢复生活自理能力时止。受害人因残疾不能恢复生活自理能力的，可以根据其年龄、健康状况等因素确定合理的护理期限，但最长不超过二十年。

受害人定残后的护理，应当根据其护理依赖程度并结合配制残疾辅助器具的情况确定护理级别。

第九条　交通费根据受害人及其必要的陪护人员因就医或者转院治疗实际发生的费用计算。交通费应当以正式票据为凭；有关凭据应当与就医地点、时间、人数、次数相符合。

第十条　住院伙食补助费可以参照当地国家机关一般工作人员的出差伙食补助标准予以确定。

受害人确有必要到外地治疗，因客观原因不能住院，受害人本人及其陪护人员实际发生的住宿费和伙食费，其合理部分应予赔偿。

第十一条　营养费根据受害人伤残情况参照医疗机构的意见确定。

第十二条　残疾赔偿金根据受害人丧失劳动能力程度或者伤残等级，按照受诉法院所在地上一年度城镇居民人均可支配收入或者农村居民人均纯收入标准，自定残之日起按二十年计算。但六十周岁以上的，年龄每增加一岁减少一年；七十五周岁以上的，按五年计算。

受害人因伤致残但实际收入没有减少，或者伤残等级较轻但造成职业妨害严重影响其劳动就业的，可以对残疾赔偿金作相应调整。

第十三条　残疾辅助器具费按照普通适用器具的合理费用标准计算。伤情有特殊需要的，可以参照辅助器具配制机构的意见确定相应的合理费用标准。

辅助器具的更换周期和赔偿期限参照配制机构的意见确定。

第十四条　丧葬费按照受诉法院所在地上一年度职工月平均工资标准，以六个月总额计算。

第十五条　死亡赔偿金按照受诉法院所在地上一年度城镇居民人均可支配收入或者农村居民人均纯收入标准，按二十年计算。但六十周岁以上的，年龄每增加一岁减少一年；七十五周岁以上的，按五年计算。

第十六条　被扶养人生活费计入残疾赔偿金或者死亡赔偿金。

第十七条　被扶养人生活费根据扶养人丧失劳动能力程度，按照受诉法院所在地上一年度城镇居民人均消费性支出和农村居民人均年生活消费支出标准计算。被扶养人为未成年人的，计算至十八周岁；被扶养人无劳动能力又无其他生活来源的，计算二十年。但六十周岁以上的，年龄每增加一岁减少一年；七十五周岁以上的，按五年计算。

被扶养人是指受害人依法应当承担扶养义务的未成年人或者丧失劳动能力又无其他生活来源的成年近亲属。被扶养人还有其他扶养人的，赔偿义务人只赔偿受害人依法应当负担的部分。被扶养人有数人的，年赔偿总额累计不超过上一年度城镇居民人均消费性支出额或者农村居民人均年生活消费支出额。

第十八条　赔偿权利人举证证明其住所地或者经常居住地城镇居民人均可支配收入或者农村居民人均纯收入高于受诉法院所在地标准的，残疾赔偿金或者死亡赔偿金可以按照其住所地或者经常居住地的相关标准计算。

被扶养人生活费的相关计算标准，依照前款原则确定。

第十九条　超过确定的护理期限、辅助器具费给付年限或者残疾赔偿金给付年限，赔偿权利人向人民法院起诉请求继续给付护理费、辅助器具费或者残疾赔偿金的，人民法院应予受理。赔偿权利人确需继续护理、配制辅助器具，或者没有劳动能力和生活来源的，人民法院应当判令赔偿义务人继续给付相关费用五至十年。

第二十条　赔偿义务人请求以定期金方式给付残疾赔偿金、辅助器具费的，应当提供相应的担保。人民法院可以根据赔偿义务人的给付能力和提供担保的情况，确定以定期金方式给付相关费用。但是，一审法庭辩论终结前已经发生的费用、死亡赔偿金以及精神损害抚慰金，应当一次性给付。

第二十一条　人民法院应当在法律文书中明确定期金的给付时间、方式以及每期给付标准。执行期间有关统计数据发生变化的，给付金额应当适时进行相应调整。

定期金按照赔偿权利人的实际生存年限给付，不受本解释有关赔偿期限的限制。

第二十二条　本解释所称“城镇居民人均可支配收入”“农村居民人均纯收入”“城镇居民人均消费性支出”“农村居民人均年生活消费支出”“职工平均工资”，按照政府统计部门公布的各省、自治区、直辖市以及经济特区和计划单列市上一年度相关统计数据确定。

“上一年度”，是指一审法庭辩论终结时的上一统计年度。

第二十三条　精神损害抚慰金适用《最高人民法院关于确定民事侵权精神损害赔偿责任若干问题的解释》予以确定。

第二十四条　本解释自2004年5月1日起施行。2004年5月1日后新受理的一审人身损害赔偿案件，适用本解释的规定。已经作出生效裁判的人身损害赔偿案件依法再审的，不适用本解释的规定。

在本解释公布施行之前已经生效施行的司法解释，其内容与本解释不一致的，以本解释为准。

7. 医疗机构投诉管理办法

《医疗机构投诉管理办法》已于2019年2月2日经国家卫生健康委委主任会议讨论通过，现予公布，自2019年4月10日起施行。

主任　马晓伟

2019年3月6日

第一章　总　则

第一条　为加强医疗机构投诉管理，规范投诉处理程序，改善医疗服务，保障医疗安全和医患双方合法权益，维护正常医疗秩序，根据《医疗纠纷预防和处理条例》《医疗机构管理条例》等法律法规的规定，制定本办法。

第二条　本办法所称投诉管理，是指患者就医疗服务行为、医疗管理、医疗质量安全等方面存在的问题向医疗机构反映情况，提出意见、建议或者投诉请求，医疗机构进行调查、处理和结果反馈的活动。

第三条　本办法适用于各级各类医疗机构的投诉管理。

第四条　国家卫生健康委负责全国医疗机构投诉管理工作的监督指导。

县级以上地方卫生健康主管部门负责本行政区域内医疗机构投诉管理工作的监督指导。

第五条　医疗机构投诉的接待、处理工作应当贯彻“以患者为中心”的理念，遵循合法、公正、及时、便民的原则。

第六条　医疗机构应当按照规定做好信息公开工作，主动接受社会监督。

第七条　医疗机构应当提高管理水平，加强医疗风险管理，优化服务流程，改善就诊环境，提高医疗服务质量，防范安全隐患，减少医疗纠纷及投诉。

第八条　医疗机构应当制订重大医疗纠纷事件应急处置预案，组织开展相关的宣传、培训和演练，确保依法、及时、有效化解矛盾纠纷。

第九条　医疗机构应当将投诉管理纳入患者安全管理体系，定期汇总、分析投诉信息，梳理医疗管理、医疗质量安全的薄弱环节，落实整改措施，持续改进医疗质量安全。

第十条　医疗机构应当做好医疗机构投诉管理与医疗纠纷人民调解、行政调解、诉讼等的衔接。

第二章　组织和人员

第十一条　医疗机构主要负责人是医疗机构投诉管理的第一责任人。

二级以上医疗机构应当设置医患关系办公室或者指定部门（以下统称投诉管理部门）统一承担投诉管理工作。其他医疗机构应当配备专（兼）职人员，有条件的也可以设置投诉管理部门。

第十二条　二级以上医疗机构应当指定一名医疗机构负责人分管投诉工作，指导、管理医疗机构投诉管理部门的有关工作。

投诉管理部门履行以下职责：

（一）组织、协调、指导本医疗机构的投诉处理工作；

（二）统一受理投诉，调查、核实投诉事项，提出处理意见，及时答复患者；

（三）建立和完善投诉的接待和处置程序；

（四）参与医疗机构医疗质量安全管理；

（五）开展医患沟通及投诉处理培训，开展医疗风险防范教育；

（六）定期汇总、分析投诉信息，提出加强与改进工作的意见或者建议，并加强督促落实。

仅配备投诉专（兼）职人员的医疗机构，投诉专（兼）职人员应当至少承担前款第二项职责。

第十三条　医疗机构投诉管理人员应当具备以下条件：

（一）具备良好的职业道德和工作责任心；

（二）具备一定的医学、管理学、法学、心理学、伦理学、社会工作等学科知识，熟悉医疗和投诉管理相关法律法规，以及医疗机构规章制度；

（三）社会适应能力较强，具有良好的社会人际交往能力，具备良好的沟通能力和应变能力。

第十四条　二级以上医疗机构应当建立医疗机构、投诉管理部门、科室三级投诉管理机制，医疗机构各部门、各科室应当指定至少 1 名负责人配合做好投诉管理工作。

医疗机构各部门、各科室应当定期对投诉涉及的风险进行评估，对投诉隐患进行摸排，对高发隐患提出针对性的防范措施，加强与患者沟通，及时做好矛盾纠纷排查化解工作。

医疗机构应当鼓励工作人员主动收集患者对医疗服务、医疗质量安全等方面的意见和建议，通过规定途径向投诉管理部门或者有关职能部门反映。

第十五条　二级以上医疗机构应当健全投诉管理部门与临床、护理、医技和后勤、保卫等部门的联动机制，提高医疗质量，保障医疗安全，维护正常医疗秩序。

第十六条　医疗机构应当逐步建立健全相关机制，鼓励和吸纳社会工作者、志愿者等熟悉医学、法律专业知识的人员或者第三方组织参与医疗机构投诉接待与处理工作。

第三章　医患沟通

第十七条　医疗机构应当提高医务人员职业道德水平，增强服务意识和法律意识，注重人文关怀，加强医患沟通，努力构建和谐医患关系。

第十八条　医务人员应当恪守职业道德，以患者为中心，热情、耐心、细致地做好本职工作，把对患者的尊重、理解和关怀体现在医疗服务全过程。

第十九条　医疗机构应当建立健全医患沟通机制，完善医患沟通内容，加强对医务人员医患沟通技巧的培训，提高医患沟通能力。

医务人员对患者在诊疗过程中提出的咨询、意见和建议，应当耐心解释、说明，并按照规定进行处理；对患者就诊疗行为提出的疑问，应当及时予以核实、自查，并与患者沟通，如实说明情况。

第二十条　医务人员应当尊重患者依法享有的隐私权、知情权、选择权等权利，根据患者病情、预后不同以及患者实际需求，突出重点，采取适当方式进行沟通。

医患沟通中有关诊疗情况的重要内容应当及时、完整、准确记入病历，并由患者签字确认。

第二十一条　医疗机构可以结合实际情况，制定医疗风险告知和术前谈话制度，规范具体流程，以患者易懂的方式和语言充分告知患者，并取得其书面同意。

第四章　投诉接待与处理

第二十二条　医疗机构应当建立畅通、便捷的投诉渠道，在医疗机构显著位置公布投诉处理程序、地点、接待时间和联系方式。

鼓励医疗机构加强舆情监测，及时掌握患者在其他渠道的诉求。

第二十三条　医疗机构应当设置专门的投诉接待场所，接待场所应当提供有关法律、法规、投诉程序等资料，便于患者查询。

医疗机构应当采取措施，保障投诉管理工作人员的合法权益与人身安全。

第二十四条　医疗机构投诉实行“首诉负责制”，患者向有关部门、科室投诉的，接待投诉的部门、科室工作人员应当热情接待，对于能够当场协调处理的，应当尽量当场协调解决；对于无法当场协调处理的，接待的部门或者科室应当主动将患者引导到投诉管理部门（含投诉管理专（兼）职人员，下同），不得推诿、搪塞。

第二十五条　投诉接待人员应当认真听取患者意见，耐心细致地做好解释工作，避免矛盾激化；应当核实相关信息，如实记录患者反映的情况，及时留存书面投诉材料。

第二十六条　患者应当依法文明表达意见和要求，向医疗机构投诉管理部门提供真实、准确的投诉相关资料，配合医疗机构投诉管理部门的调查和询问，不得扰乱正常医疗秩序，不得有违法犯罪行为。

单次投诉人员数量原则上不超过 5 人。超过 5 人的，应当推选代表集中反映诉求。

第二十七条　投诉接待人员在接待场所发现患者有自杀、自残和其他过激行为，或者侮辱、殴打、威胁投诉接待人员的行为，应当及时采取控制和防范措施，同时向公安机关报警，并向当地卫生健康主管部门报告；对接待过程中发现的可能激化矛盾，引起治安案件、刑事案件的投诉，应当及时向当地公安机关报告，依法处理。

第二十八条　医疗机构投诉管理部门接到投诉或者卫生健康主管部门交办的投诉后，应当及时向当事部门、科室和相关人员了解、核实情况，在查清事实、分清责任的基础上提出处理意见，并反馈患者。

投诉涉及的部门、科室和相关人员应当积极配合投诉管理部门开展投诉事项调查、核实、处理工作。

第二十九条　对反复接到相同或者相似问题的投诉，医疗机构投诉管理部门应当汇总并报告医疗机构负责人，医疗机构对有关投诉可视情况予以合并调查，对发现的引发投诉的环节或者多次引发投诉的医务人员应当根据调查结果，及时予以相应处理。

第三十条　医疗机构投诉管理部门应当及时处理投诉，能够当场核查处理的，应当及时查明情况；确有差错的，立即纠正，并当场向患者告知处理意见。

涉及医疗质量安全、可能危及患者健康的，应当立即采取积极措施，避免或者减轻对患者身体健康的损害，防止损害扩大。

情况较复杂，需调查、核实的，一般应当于接到投诉之日起 5 个工作日内向患者反馈相关处理情况或者处理意见。

涉及多个科室，需组织、协调相关部门共同研究的，应当于接到投诉之日起 10 个工作日内向患者反馈处理情况或者处理意见。

第三十一条　对投诉已经处理完毕，患者对医疗机构的处理意见有争议并能够提供新情况和证据材料的，按照投诉流程重新予以处理。

第三十二条　投诉内容涉及医疗纠纷的，医疗机构应当告知患者按照医疗纠纷处理的相关法律法规的规定，积极协商；不能协商解决的，引导患者通过调解、诉讼等途径解决，并做好解释疏导工作。

第三十三条　投诉涉及医疗机构工作人员违法违纪问题的，投诉管理部门应当及时移交相关职能部门依法依规处理。

第三十四条　属于下列情形之一的投诉，投诉管理部门不予处理，但应当向患者说明情况，告知相关处理规定：

（一）患者已就投诉事项向人民法院起诉的或者向第三方申请调解的；

（二）患者已就投诉事项向卫生健康主管部门或者信访部门反映并作出处理的；

（三）没有明确的投诉对象和具体事实的；

（四）投诉内容已经涉及治安案件、刑事案件的；

（五）其他不属于投诉管理部门职权范围的投诉。

第三十五条　发生重大医疗纠纷的，医疗机构应当按照规定向所在地县级以上地方卫生健康主管部门报告。卫生健康主管部门接到报告后，应当及时了解掌握情况，引导医患双方通过合法途径解决纠纷。

第三十六条　医疗机构应当保护与投诉相关的患者和医务人员隐私，妥善应对舆情，严禁发布违背或者夸大事实、渲染投诉处理过程的信息。

第三十七条　医疗机构应当建立健全投诉档案，立卷归档，留档备查。

医疗机构投诉档案应当包括以下内容：

（一）患者基本信息；

（二）投诉事项及相关证明材料；

（三）调查、处理及反馈情况；

（四）其他与投诉事项有关的材料。

第三十八条　医疗机构工作人员有权对医疗机构管理、服务等各项工作提出意见、建议，医疗机构及投诉管理等有关部门应当予以重视，并及时处理、反馈。

临床一线工作人员，对于发现的药品、医疗器械、水、电、气等医疗质量安全保障方面的问题，应当向投诉管理部门或者有关职能部门反映，投诉管理等有关部门应当及时处理、反馈。

第五章　监督管理

第三十九条　县级以上地方卫生健康主管部门应当加强对本行政区域内医疗机构投诉管理工作的监督检查，加强日常管理和考评。

第四十条　县级以上地方卫生健康主管部门应当收集、分析并反馈本行政区域医疗机构投诉及医疗纠纷相关信息，指导医疗机构改进工作，提高医疗服务质量。

第四十一条　对在医疗机构投诉管理中表现优秀、有效预防重大群体性事件或者其他严重后果发生的医疗机构及有关人员，卫生健康主管部门应当予以表扬。

对行政区域内未按照规定开展投诉管理工作的医疗机构，卫生健康主管部门应当通报批评，并对医疗机构主要负责人进行约谈。

第四十二条　医疗机构应当规范投诉管理工作，定期统计投诉情况，统计结果应当与年终考核、医师定期考核、医德考评、评优评先等相结合。

第六章　法律责任

第四十三条　医疗机构未建立投诉接待制度、未设置统一投诉管理部门或者配备专（兼）职人员，或者未按规定向卫生健康主管部门报告重大医疗纠纷的，由县级以上地方卫生健康主管部门按照《医疗纠纷预防和处理条例》第四十七条的规定进行处理。

第四十四条　医疗机构违反本办法规定，有下列情形之一的，由县级以上地方卫生健康主管部门责令限期整改；逾期不改的，给予警告，并处以一万元以下罚款；造成严重后果的，处以一万元以上三万元以下罚款，并对医疗机构主要负责人、直接负责的主管人员和其他直接责任人员依法给予处分：

（一）未制订重大医疗纠纷事件应急处置预案的；

（二）投诉管理混乱的；

（三）未按规定建立健全医患沟通机制的；

（四）未按规定及时处理投诉并反馈患者的；

（五）对接待过程中发现的可能激化矛盾，引起治安案件、刑事案件的投诉，未及时向当地公安机关报告的；

（六）发布违背或者夸大事实、渲染事件处理过程的信息的。

第四十五条　医务人员泄露投诉相关患者隐私，造成严重后果的，由县级以上地方卫生健康主管部门按照《执业医师法》《护士条例》等法律法规的有关规定处理。

第四十六条　县级以上地方卫生健康主管部门在医疗机构投诉管理工作中，未按规定履行职责，造成严重后果的，依法对直接负责的主管人员和其他直接责任人员给予处分；构成犯罪的，依法追究刑事责任。

第七章　附　　则

第四十七条　本办法所称患者，包括患者及其近亲属、委托代理人、法定代理人、陪同患者就医人员等有关人员。

第四十八条　省级卫生健康主管部门可以根据本办法，结合本地具体情况制订实施细则。

第四十九条　中医医疗机构的投诉管理工作由中医药主管部门负责。

第五十条　本办法自 2019 年 4 月 10 日起施行。

结　语

在医疗活动中，医疗意外属于客观存在的风险。由于医患双方的知识水平不一致，存在明显的信息差，在医疗意外面前，产生误解几乎是不可避免的。就患者而言，花掉了高额的医疗费，找到了自己能够找到的最好的医生，满怀希望，却没想到因医疗意外而天人永隔，或产生伤残，感情上、心理上都无法接受；就医生而言，为了救助患者加班加点，却得不到患者家属的理解与尊重，甚至动辄喊打喊杀，也难以“视病人如亲人”。

保险作为分担意外事故损失的一种财务安排，在医疗意外风险管理方面有着重要的价值和作用。2018 年《医疗纠纷预防与处理条例》第七条规定，国家建立完善医疗风险分担机制，发挥保险机制在医疗纠纷处理中的第三方赔付和医疗风险社会化分担的作用，鼓励医疗机构参加医疗责任保险，鼓励患者参加医疗意外保险。故在本书结束之时，对两种保险分别进行讨论，希冀能与读者进行一些讨论，探寻进一步促进医患和谐的办法。

2002 年《医疗事故处理条例》出台之后，国内保险市场上即推出了以医院为保险人，以医疗事故为保险事件的医疗责任保险。此后随着法律法规的变迁，相关的保险产品也在不断升级完善，目前已经形成了医院和医生为保险人，法院判决与人民调解协议均可作为理赔依据的扩大型的保险条款，其保险的适用性较十几年前有了很大的完善。

目前的行政规范主要对三级医院提出了购买医疗责任险的要求。早在2002年《医疗事故处理条例》出台时，行政部门已认识到医疗风险存在的客观性，于是想到要用保险来进行风险管理。此后多次要求三级医院参保率达到100%。但目前这种行政指令引导性的投保与保险市场规律并不匹配。对于拥有上千张床位，数百名医务人员的三级医院而言，每年发生几十个医疗纠纷，赔掉几百万属于经常支出项目，从医院的角度而言，自身完全有能力去抗衡这种风险。对于保险公司而言，其主要客户来源于三级医院，每家每年都要赔几百万，其保费当然也水涨船高，扣掉管理费至少要与医院的赔款持平。于是形成了违背保险市场规律的怪圈：医疗机构为了行政的压力，以及为了将医疗纠纷引出医院的目的去购买保险，而不是为了抵御经济风险去购买保险；保险机构也为了政策的需要投入大量的资源开发相应的产品，在理赔阶段投入大量的人力物力去帮助医疗机构将纠纷引出医院，只为了避免扰乱医疗秩序，但在经济上却并不能取得理想的收益甚至赔本赚吆喝。

《民法典》第一千二百一十八条："患者在诊疗活动中受到损害，医疗机构或者其医务人员有过错的，由医疗机构承担赔偿责任。"法律或者体制造成了投保主体限制在医疗机构上。我国的医疗体制是以国有三级医院为主体，民营、私立医疗机构、社区医院等即使在数量上超过国有三级大医院，但其规模、体量上远远不能与国有三级大医院抗衡，其保险意识更是达不到这样的高度。所幸，保险公司并未对这些边角市场予以放弃，也推出了一些针对私人诊所的保险产品。例如某保险公司推出的医疗诊所责任保险方案，对于10人以下的小规模诊所，其保费最低仅3000元/年，累计赔偿限额可达50万，个人赔偿限额可达10万元（住院除外），其保费与保额基本符合保险规律，但其市场效果仍有待观察。

反观其他国家与地区，包括美国、英国、法国，以及我国香港、台湾等地，医生与患者之间发生的医疗纠纷，其赔偿主体均为医生个人。对医生个人而言，相对于一旦发生纠纷后可能面临的高额的赔偿额而言，些许的保险费也就不足挂齿了。同时，执业保险与其执业注册挂钩，保险公司承担了相当一部分的监管职能，对于其医疗质量的保障有较大的规范性作用。

以上是笔者对于医生端医疗责任保险的浅见。对于患者端，其实早在十年前北京地区就已出现了“麻醉意外险”，但后来由于本身运作的不规范以及其他政策原因被政府叫停。目前有些保险公司开发出了针对孕产妇的“母婴安康险”以及其他险种，但医疗责任保险总体说来仍属于新兴事物，涉及的技术难度也很高，仍需要一段时间的市场培育。

在这个意义上，破局应该在于体制。所幸目前国内的政策已经撕开了一条缝，医务人员的多点执业已经为政策所允许，不少保险公司也将眼光聚焦于多点执业，开发出了一些对应的产品。我们有理由相信，随着医务人员自由执业的回归，借助保险机构的力量，会真正开发出适合中国国情的医生个人端和患者端的保险产品，有助于进一步完善医疗损害责任侵权的法治解决方案，更进一步促进医患之间的互信，创建更为和谐的医患关系，造福百姓的生命健康。